U0153473

物質的
酸鹼鹽

五南圖書出版公司 印行

學生推薦序

南崁高中　洪蘊穎

　　我覺得太陽教育集團的老師上課不枯燥而且相當引人入勝，而且上課模式跟其他老師很不一樣，不但生動，而且會透過做實驗，來教我們認識有關課程相關的內容。我覺得這種上課模式，不僅能增加我們對要學的課程內容有更深刻的印象，還能增加我們對自然的興趣。我很幸運能向太陽教育集團王翰老師求學，而各位讀者更可以透過這本書了解更多的學問與知識，所以我推薦給大家。

學生推薦序

漢英高中　黃靖雅

　　提及上課，大家可能都會覺得是一個極無趣的事情，對於女生來說，上化學老師的課根本是在說火星文，但是太陽教育集團老師的課，就算聽不懂，也會被那些有趣的肢體語言所吸引，而且遇到不懂的地方，老師也會很有耐心的重頭講解，漸漸的學習變得不再那麼的孤燥乏味。在上課時，王翰老師也喜歡帶我們親自動手做實驗，天氣瓶、史萊姆等，讓課本文字的敘述活活呈現在我們的眼前，如果你上過老師的課，相信你也會和我一樣愛上他。我推薦這本新書給大家，即使大家沒有上過老師們的課，仍然可以從本書感受到前所未有的教學熱誠與知識學習。

自 序 酸鹼鹽，讓你嚐遍人生滋味

多采多姿，才是人生，所以造物者給我們感官去感受不同滋味。

化學中，純物質中的化合物，其中一種分類即為「電解質」與「非電解質」，兩者的區別在於「化合物溶於水之後可否導電」，而「電解質」就是溶於水會導電的化合物。其中電解質又分為三大類：「酸」、「鹼」還有「鹽」。儘管說它們嚐起來各有各的味道，但若貿然以舌頭嘗試，恐怕會對自己身體造成傷害，實非明智之舉。所以，要分辨電解質的種類，其實有更好的辦法。

最主要是電解質對人類日常生活的關係實在密不可分！所以對電解質的研究，古今中外科學家們無不戮力為之。本書分為「溶液與酸鹼學說」、「酸鹼物質的種類與特性」、「酸鹼反應平衡與濃度計算」、「酸鹼滴定」、「鹽類的種類與特性」等五章與「電解質的運用」、「緩衝溶液」二附錄。自各派學說開始，詳細敘述各門各家對於酸、鹼定義的見解，再詳敘常見酸、鹼物質的種類與特性，深入探討反應平衡與濃度計算學理，兼以技術層面的酸鹼滴定，最後以鹽類的內容作總結。然電解質的運用層面實在太廣，故在附錄中再開闢專章說明電解質在日常生活中的運用，另外附錄二的「緩衝溶液」，則是作者群在本書最後埋設的一個彩蛋，如同正餐後的甜點，讓讀者在閱讀本書完畢後新增添一份滿足感。

電解質是化學純物質中相當重要的一種分類類型。在《行動化學館》系列叢書中，幾乎每冊不同的主題裡，或多或少都會提到電解質中的化合物來引例討論，而本書正是專題來研究電解質的定義、理論

與物質特性以及應用。多采多姿，才是人生，所以造物者給我們感官去感受不同滋味。接下來，就請大家翻開本書，與我們一起來研究電解質吧！

陳大為

太陽教育集團總裁
於 107 年 1 月在新北市〈太陽教學團隊〉總部

作者介紹

陳大爲老師

　　陳大爲老師，縱橫補教界28年，歷任台北太陽教育集團（大集美、大福欣、大遠見）、台北儒林、立恆、高國華、林冠傑、華興等各大補習班，每年教導上千位國、高中學生，爲目前全台最受肯定的理化補教名師。上課風格節奏明快、幽默詼諧、課程重點針針見血，抓題精準，最擅長將課程重點彙整列表圖示，並以日常生活實例融入理化課程中，深受學生好評。曾任中國時報《97國中基測完全攻略密笈》乙書、〈國三第八節〉專欄理化科作者，現任太陽教育集團總裁。著有《你也可以是理化達人》乙書、《國中理化一點都不難》、《圖解國中基測理化》、《大學學測必考的22個化學題型》等工具書、《國中理化TOP講義》、《國高中理化太陽講義》進度與總複習系列等。

作者介紹

王翰老師

　　太陽教育集團自然科名師，補教經歷 10 年，歷任台北大集美補習班、大福欣補習班、大遠見補習班、立恆補習班、張正補習班、A+ 升學中心、桃園耀騰補習班、新竹聯合補習班等。著有《國中理化一點都不難》、《高中化學太陽講義》等書。

　　王翰老師認為：在這個資訊爆炸的時代，非常多的資料和知識都很容易取得。但是並不是每位同學都能好好的吸收，老師的功能就在於此，安排好課程讓學生穩健的學習；設計好流程讓同學踏實的取得觀念；準備好各種實驗讓大家真正體驗到現實的原理應用。知識不是一朝一夕就能獲得，需要踩好眼前的每一步，腳踏實地的往前走，有的人走得慢，有的人走得快，但只要肯努力，終會走到想要的地方。

作者介紹

蘇傑老師

　　太陽教育集團自然科名師，歷任台北大集美補習班、大遠見補習班、萬勝文理補習班、A+升學中心、儒林補習班、學冠文理補習班等。著有《圖解國中基測理化》、《大學學測必考的 22 個化學題型》、《中學生化學高分的關鍵秘笈》等。

　　蘇傑老師給同學們的是一個「生活理化、觀念化學」的一種信念！現今的教育問題一變再變，唯獨蘇傑老師教學理念不會改變。12 年國教，國、高中一貫的學習，對於擅長國中理化、高中化學的蘇傑老師，絕對能夠讓同學穩紮穩打，將國高中的「自然科」內容以「輕鬆」的傳達模式、「豐富」的課程內容，呈現給各位莘莘學子們，創造雙贏的機會

目　錄

第一章 溶液與酸鹼學說

本章導讀

酸鹼之間總要分個清楚！

各家門派說提出來的都有自己的道理，

而什麼是酸？

什麼是鹼？

就讓我們在這章說個明白！

學習概念圖

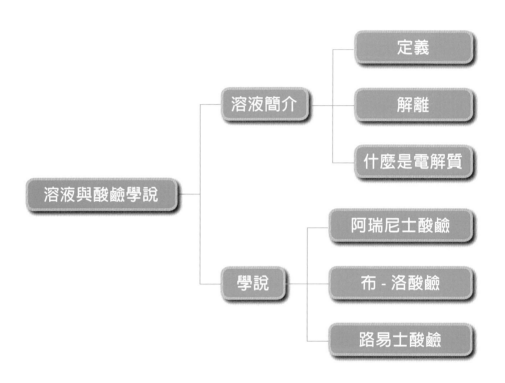

溶液與酸鹼學說

溶液簡介
- 定義
- 解離
- 什麼是電解質

學說
- 阿瑞尼士酸鹼
- 布 - 洛酸鹼
- 路易士酸鹼

蘇老師一進教室，就發現阿周與小李兩位同學正吵得臉紅脖子粗。「怎麼了，兩位紳士？一大早就這麼火爆？」

　　「老師，水會不會導電？」阿周首先舉手搶話說：「從小到大，學校老師都告訴我們不可以在手潮溼的時候觸摸插座，以免觸電，這不正是水會導電的最好實例嗎？」

　　「你到底有沒有讀書啊？你知不知道水會導電的原因是因為水中溶有『電解質』！」只見小李把阿周的手扯下，阿周不開心地以眼神回瞪小李。

　　蘇老師胖胖的樣子很討喜，並深得學生敬重，他聽完阿周與小李兩人的爭論後，笑了一下，搞笑地攤攤手。看見老師滑稽的樣子，一旁的學生有人就不禁噗地笑了出來，讓劍拔弩張的氣氛一下子緩和了不少。他徐徐走上講臺，扶了扶眼鏡，慢條斯理地說道：「各位同學，老師不是常說嗎？對於科學上的疑問，我們可以……」

　　「做實驗！」全班同學異口同聲。

　　「嗯，很好！」蘇老師用力地點頭讚許同學們的熱烈回答，「那我們就往實驗室集合吧！」

　　「耶！」同學們興高采烈，帶著課本魚貫走出教室往實驗室移動。

① 溶液簡介

　　許多化學反應和大多數的生物程序都發生在水中，而本章要討論的是在水溶液中最容易發生的反應——酸鹼反應。

　　溶液為兩種以上物質形成的均相混合物，含量較少的稱為溶質，

含量較多的稱爲溶劑。溶液有可能是氣體、液體、固體，若溶液中有含「水」，無論水量占溶液含量多寡，溶液中的溶劑即爲水。而本章主要討論的即是「水溶液」。

溶質溶於水中形成的溶液有兩種：電解質及非電解質。根據阿瑞尼士的「電解分離」，電解質是指溶於水中後，其溶液具導電性；非電解質爲溶於水中後，其溶液不具導電性。判斷電解質與非電解質的簡單方法爲：將一對惰性電極浸入燒杯中的溶液，並接上電源。若燈泡不亮即爲非電解質；燈泡發亮即爲電解質。

在同濃度的溶液中，燈泡的明亮度，可以辨別強電解質及弱電解質。強電解質幾乎完全解離成離子，一般稱爲離子化合物，例如：HCl（氯化氫水溶液）、HNO_3（硝酸水溶液）；弱電解質部分解離成離子，例如：CH_3COOH（醋酸水溶液）、NH_3（氨水）、H_2O（水）（註1）；非電解質不解離成離子，例如：C_2H_5OH（乙醇）（註2）、$C_6H_{12}O_6$（葡萄糖）。

水對離子化合物而言是一種非常有效的溶劑。因爲水分子中，同時具有正極區域（氫原子）及負極區域（氧原子），因此水爲一種極性溶劑。當離子化合物溶入水後，化合物結構會被破壞，正負離子會彼此分開，進行「水合作用」。正離子會被水的負極區域包圍住，負離子會被水的正極區域包圍住。

（註1）純水是非常弱的電解質，1 公升的水中只會解離出 10^{-7}mol 的水
（註2）乙醇是非常讓人誤會的「非」電解質，因爲他的「OH」爲有機化合物的官能基而非氫氧根。

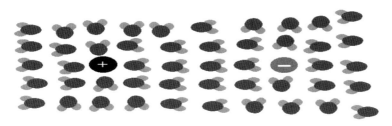

▲正、負離子的水合作用示意圖

　　強電解質會在水中完全解離，例如食鹽（NaCl）溶解於水中，皆會形成Na^+和Cl^-的水合[註3]離子：

$$NaCl_{(s)} \xrightarrow{\;H_2O\;} Na^+_{(aq)} + Cl^-_{(aq)}$$

　　因此我們在書寫離子化合物水溶液時，了解水中只含正負離子，沒有物質是以分子形式出現在水中。某些物質為弱電解質時，因為他並未完全解離，還有些物質是以分子形式存在於水中。

$$CH_3COOH_{(aq)} \rightleftarrows CH_3COO^-_{(aq)} + H^+_{(aq)}$$

　　雙箭頭表示可逆反應，代表雙向均可進行，所以以醋酸而言，他會以離子態及分子態同時存在於溶液中。

（註3）水溶液中，其中離子和一定數目的水分子結合成的一種特殊離子。這也是水為最優良溶劑的原因之一。

重要觀念建立 1-1-1

下列有關阿瑞尼士解離說之各項敘述，哪項錯誤？

(A) 電解質溶液中，一定含有正離子與負離子

(B) 離子在水溶液中可自由移動

(C) 電解質水溶液呈電中性

(D) 溶液中若有正離子與負離子時，其中正離子與負離子的個數必相等

解 析

答案 D

此題為國中的重要考題，一個解離方程式中必定有正離子與負離子，因為必須為電中性。

主要理論為：

(1) 電解質溶於水就分解成帶電的粒子，這些粒子叫離子。帶正電的離子稱為正離子；帶負電的離子稱為負離子。這種分解成離子的步驟，稱為解離。

(2) 數個原子結合的粒子，叫做原子團，俗稱為「根」，也可以帶電。

(3) 電解質溶液中正離子所帶的總電量與負離子所帶的總電量恰好相等，這是因為溶液一定是電中性。但正、負離子數目不一定相等。

(4) 離子在水溶液中可以自由地移動，當通以電流時，正離子移向負極，負離子移向正極，構成電流。

因此關於此題：

(A) 符合解離說理論第一點。

(B) 符合解離說理論第四點，也為電解質導電的主要原因之一。

(C)符合解離說理論第三點，正負電荷「總」電荷量相同

(D)個數不一定相同，如$Ca(OH)_2 \rightarrow Ca^{2+} + 2OH^-$

　　蘇老師告訴同學：「電解質是一種化合物，溶於水會產生『解離』的現象，會分開產生帶電的離子喔。」此時的阿周心中不禁產生一個疑問：「我記得道耳吞原子說曾提到：『所有的物質都是由原子所組成，原子不能再分割。』這不就與老師的理論互相牴觸？」想著想著，不禁出了神。蘇老師發現阿周的不專心，用力咳嗽了一聲，阿周一驚抬頭，發現老師正在看著他，有點不知所措。

　　「阿周你怎麼了？心不在焉喔。」

　　「老師對不起，因為我剛剛想到道耳吞的原子說內容，感覺怪怪的。」

　　蘇老師聽見不禁莞爾：「原來如此，那我現在就告訴大家阿瑞尼士的故事吧。」

▲阿瑞尼士

▲道耳吞

② 阿瑞尼士酸鹼

西元1880年間，瑞典化學家阿瑞尼士在博士研究中，致力於分析測量多種物質水溶液濃度與導電度之間的關係，之後發現酸、鹼、鹽等物質在愈稀薄的溶液中，其導電度就愈好；而強酸、強鹼的導電度，又比相同濃度的弱酸、弱鹼來得好，於是他在1884年所撰寫的博士論文中，大膽提出：「強酸、強鹼及鹽類分子溶於水會『裂開』，以陰陽離子存在於水中。」這樣的主張，引起當時科學界許多爭議，他的口試委員對其說法，不以為然。

口試委員對其說法不重視的原因，是因為在1897年英國化學家湯姆森發現電子之前，科學家普遍認同英國物理化學家道耳吞原子說提出的：「物質是由不能再被分割的最小粒子原子所組成」，雖然有小部分發表的實驗結果，透露分子「電離」的可能性，然而這些未成形的證據，無法說服科學家捨棄心中長期的信仰，也因此阿瑞尼士以「剛好及格」的評價，為博士生涯畫下句點，卻得到德國化學家奧士華與荷蘭物理有機化學家凡特何夫的青睞。在1885至1890年期間，透過與這兩位學者共事，阿瑞尼士對「電解分離」的現象有更深切的探討，同時也對「溶液的性質」做全面了解。但有鑒於過去許多反對聲浪，他仍小心地將「離子化與非離子化分子」的陳述，改為「具活性與不具活性分子」，來避開意見分歧的窘況。透過不斷堅持於這迂迴曲折的路程，終而使阿瑞尼士建立第一個正確的「酸鹼理論」，並以「電解分離理論」，拿到1903年的諾貝爾化學獎。

阿瑞尼士在「酸鹼化學」上的貢獻，不僅在於定義「酸為物質溶於水釋放出氫離子」、「鹼為物質溶於水釋放出氫氧根離子」；透過「電解分離理論」，他也解釋了長久以來，化學家發現「酸鹼反應放出中和熱」此

化學現象的原因。他認為：強酸如硝酸（HNO_3）在水中，會解離成氫離子（H^+）與硝酸根離子（NO_3^-），而強鹼如氫氧化鉀（KOH）在水中，會解離成鉀離子（K^+）與氫氧根離子（OH^-），又針對陰陽離子本身的性質，在強酸強鹼混合後，在水中進行反應，傾向形成K^+、NO_3^-，而H^+與OH^-結合，形成解離度很低的水分子（H_2O）。

常見的酸與鹼

強酸	弱酸	強鹼	弱鹼
氫氯酸（HCl）	氫氟酸（HF）	氫氧化鈉（NaOH）	氫氧化鋁（$Al(OH)_3$）
氫溴酸（HBr）	亞硝酸（HNO_2）	氫氧化鉀（KOH）	氫氧化鎂（$Mg(OH)_2$）
氫碘酸（KI）	磷酸（H_3PO_4）	氫氧化鈣（$Ca(OH)_2$）	氨水（$NH_4^+ + OH^-$）
硝酸（HNO_3）	醋酸（CH_3COOH）	氫氧化鋇（$Ba(OH)_2$）	
硫酸（H_2SO_4）	草酸（$H_2C_2O_4$）		
過氯酸（$HClO_4$）			

重要觀念建立 1-2-1

根據下列A、B、C、D四種物質的游離情況，何者可以確定屬於鹼類？

(A) $A \rightarrow Ca^{2+} + 2\ Cl^-$

(B) $B \rightarrow 2H^+ + CO_3^{2-}$

(C) $C \rightarrow 2\ K^+ + SO_4^{2-}$

(D) $D \rightarrow Ca^{2+} + 2\ OH^-$

解析

答案 D

此題為國中範圍的考題，根據阿瑞尼士酸鹼學說定義來說，酸是提供氫質子「H^+」而鹼提供氫氧根離子「OH^-」。

(A)、(C)化合物A、C並未解離出H^+或OH^-，他是鹽類（第五章講述）。

(B)化合物B解離出「H^+」，依據阿瑞尼士學說為「酸類」。

(D)化合物D解離出「OH^-」，依據阿瑞尼士學說為「鹼類」。

重要觀念建立 1-2-2

下列各項敘述，何者符合阿瑞尼士酸鹼學說？

(A) 含有H者必為酸性物質

(B) 含有OH者必為鹼性物質

(C) 酸性物質在水中會產生H^+

(D) 鹼性物質在水中會產生OH^-

(E) 酸鹼反應時接受H^+的為鹼

解析

答案 CD

此題為國中進階挑戰題、高中複選題型，這裡會有一些比較讓學生們困惑的地方，在於文字敘述的方法，其實並不全然皆對。

(A)、(B)化學式中含H和OH者對於初學者來說認為是對的，一般學生就會忽略阿瑞尼士學說是在於水溶液解離的條件下成立，如甲醇（CH_3OH），含有−H也含有−OH，但此化合物在水中並不解離H^+或OH^-。

(C)、(D)此說法正為阿瑞尼士酸鹼學說重要概念

(E)此說法已跳脫酸鹼解離的內容，為高中酸鹼學說中布-洛酸鹼說（下節講述）

「老師，水溶液中才有酸鹼嗎？難道純硫酸不酸嗎？」

蘇老師聽見愛發問的阿周又有疑問，仍然很有耐心地回答，「其實有關酸鹼的理論還真不少，除了阿瑞尼士的解離說，還有所謂的『布洛酸鹼學說』與『路易士說』，內容都不大一樣喔。」

「那什麼是『布洛酸鹼學說』與『路易士說』呢？」

▲布若斯特   ▲吉爾伯特・路易士

3 布洛酸鹼學說與路易士酸鹼學說

　　阿瑞尼士的酸鹼定義局限於水溶液，1932年布若斯特提出更廣義定義，即提供質子者爲布氏酸，而接受質子者爲布氏鹼。布若斯特的酸鹼定義並不局限於水溶液中。

　　硝酸在水中可提供質子，所以爲布氏酸：

$$HNO_{3(aq)} \rightarrow H^+_{(aq)} + NO_3^-_{(aq)}$$

　　此反應式中的H^+爲氫原子失去1個電子，亦即爲裸露的質子。這麼小的

帶電粒子在水中單獨存在，勢必會被H_2O的負極端（O原子）吸引，結果，質子在水中是以水合形式存在。因此，硝酸的解離應該寫成：

$$HNO_{3(aq)} + H_2O_{(l)} \rightarrow H_3O^+_{(aq)} + NO_3^-_{(aq)}$$

水合質子H_3O^+稱爲「鋞離子」（水合氫離子）。此反應式顯示布氏酸（HNO_3）提供質子給布氏鹼（H_2O）。

布-洛酸鹼定義可延伸至共軛[註4]酸鹼對，即酸與其共軛鹼或鹼與其共軛酸的配對。布氏酸的共軛鹼爲自酸移去1個質子的剩餘部分；相對地，共軛酸爲布氏鹼增加1個質子。注意，在布氏鹼中接受質子的原子必須含孤對電子。

1932年，美國化學家路易士以電子隊的作用來定義酸和鹼，路易士鹼爲能提供電子對的物質，而路易士酸爲能接受電子對的物質。

例如，從氨的質子化反應可以知道，NH_3提供電子對給H^+，所以NH_3是路易士鹼；而H^+接受電子對，所以H^+是路易士酸。若路易士酸鹼反應僅涉及電子對的提供與接受，則反應不產生鹽與水。

路易士酸鹼定義的重要性在於比其他酸鹼反應定義更廣義，路易士酸鹼反應包括一些不屬於布氏酸鹼反應，例如：三氟化硼與氨的反應。

因爲三氟化硼接受了氨中的氮原子上面的電子對，所以即使三氟化棚內不含可解離的H^+，但依照路易士酸鹼的定義，三氟化硼仍爲路易士酸。

雖然路易士酸鹼定義較廣義，但大多時候描述酸鹼，指的是布氏酸及

（註4）共軛意指相伴出現結合一起，詳如註6。

第一章　溶液與酸鹼學說

布氏鹼，而路易士酸鹼通常用來描述可接受電子對但不能解離H⁺的物質。

> **重要觀念建立 1-3-1**
>
> 關於布洛酸鹼概念，下列何者正確？
>
> (A) 可供給電子對者為酸
>
> (B) 在水中可產生OH⁻者為鹼
>
> (C) 該酸鹼概念應用範圍很廣，除了水溶液外，尚可適用於非水溶液中的反應
>
> (D) 酸鹼反應必產生水

解析

答案 C

此題為高中的酸鹼重要說學之一，整合阿瑞尼士學說以及布洛酸鹼說的題目，對於布洛酸鹼而言，主要是質子（H⁺）的提供與接受的概念。

(A) 質子的給予在布-洛酸鹼中是重要概念，提到電子的供給就是路易士酸鹼學說內容（下節講述）。

(B) 此選項講法正確，但為阿瑞尼士酸鹼說。

(C) 此學說主要就是在質子供給的論點，故在非水溶液中也可以成立。

(D) 對布-洛學說中不一定會產生水。

重要觀念建立 1-3-2

依據布洛酸鹼學說，下列何者為鹼性離子？

(A) CH_3COO^-　　(B) H_3O^+　　(C) OH^-　　(D) F^-　　(E) NH_4^+

(F) H_2CO_3　　　(G) ClO_4^-　　(H) HSO_4^-

解析

根據布洛學說：

布洛酸為提供質子；

布洛鹼為接受質子

(A)(C)(D)(G)(H)這五個選項皆為可以接受質子（H^+）

這邊提供反應式給各位：

1. $CH_3COO^- + H^+ \rightarrow CH_3COOH$

2. $OH^- + H^+ \rightarrow H_2O$

3. $F^- + H^+ \rightarrow HF$

4. $ClO_4^- + H^+ \rightarrow HClO_4$

5. $HSO_4^- + H^+ \rightarrow H_2SO_4$

以上為接收質子為的離子微鹼性離子

而(B)(E)(F)提供質子，本身為酸性離子

1. $H_3O^+ \rightarrow H_2O + H^+$

2. $NH_4^+ \rightarrow NH_3 + H^+$

3. $H_2CO_3 \rightarrow HCO_3^- + H^+$

重要觀念建立 1-3-3

根據布洛酸鹼理論，下列何者既能當酸，又可當鹼？

(A) H_3O^+　(B) $H_2PO_2^-$　(C) O^{2-}　(D) HCO_3^-

解析

答案 D

此題重點在於布洛學說中並不是一物質只為酸或鹼，要視本身離子的解離方式。

(A) $H_3O^+ \rightarrow H_2O + H^+$，只能提供質子，故 H_3O^+ 為布洛酸

(B) $H_2PO_2^-$（次磷酸根）$^{(註5)}$ $+ H^+ \rightarrow H_3PO_2$（次磷酸）

(C) $O^{2-} + H + \rightarrow OH-$

(D) 本身為碳酸氫根（HCO_3^-），接受質子為碳酸（H_2CO_3），提供質子為碳酸根（CO_3^{2-}）

$$H^+ + CO_3^{2-} \longleftarrow HCO_3^- \xrightarrow{H^+} H_2CO_3$$

（註 5）H_3PO_2 為單質子酸，只有一個質子會游離。

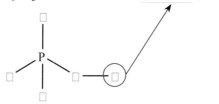

重要觀念建立 1-3-4

依布洛理論，下列畫底線的物質，何者為鹼？

(A) $NH_{3(aq)} + \underline{H_2O_{(l)}} \rightleftharpoons NH_4^+{}_{(aq)} + OH^-{}_{(aq)}$

(B) $HClO_{4(aq)} + \underline{HSO_4^-{}_{(aq)}} \rightleftharpoons ClO_4^-{}_{(aq)} + H_2SO_{4(aq)}$

(C) $NH_2^-{}_{(aq)} + H_2O_{(l)} \rightleftharpoons \underline{NH_{3(aq)}} + OH^-{}_{(aq)}$

(D) $HCO_3^-{}_{(aq)} + H_2O_{(l)} \rightleftharpoons \underline{H_2CO_{3(aq)}} + OH^-{}_{(aq)}$

解析

答案 B

(A) $NH_{3(aq)} + \underline{H_2O_{(l)}} \rightleftharpoons NH_4^+{}_{(aq)} + OH^-{}_{(aq)}$

提供H^+

底線者為布洛酸，OH^-為H_2O之共軛鹼$^{(註6)}$

(B) $HClO_{4(aq)} + \underline{HSO_4^-{}_{(aq)}} \rightleftharpoons ClO_4^-{}_{(aq)} + H_2SO_{4(aq)}$

接收H^+

底線者為布洛鹼，H_2SO_4為$\underline{HSO_2^-{}_{(aq)}}$之共軛酸

(C) $NH_2^-{}_{(aq)} + H_2O_{(aq)} \rightleftharpoons \underline{NH_{3(aq)}} + OH^-{}_{(aq)}$

提供H^+

（註6）共軛酸鹼對：酸鹼反應產生另一對酸鹼，其中正反應之酸與逆反應之鹼兩者相差一個質子（H^+），互稱為共軛酸鹼對；反之，正反應之鹼與逆反應之酸，也是共軛酸鹼對。

底線者為布洛酸，NH$_2^-$為NH$_{3(aq)}$之共軛鹼

(D) HCO$_3^-{}_{(aq)}$ + H$_2$O$_{(aq)}$ $\rightleftharpoons$ H$_2$CO$_{3(aq)}$ + OH$^-{}_{(aq)}$

提供H$^+$

底線者為布洛酸，HCO$_3^-$為之 H$_2$CO$_{3(aq)}$共軛鹼

▲ 有趣的化學小故事

本章學習重點

一、溶於水可導電的化合物稱為「電解質」。

二、酸的定義：在水中解離出H^+。

　　鹼的定義：在水中解離出OH^-。

三、布氏酸：提供質子的物質。

　　布氏鹼：接受質子的物質。

四、路易士酸：接受電子對。

　　路易士鹼：提供電子對。

學習上應注意事項與容易犯下的錯誤

1. 要注意有機醇的官能基—OH，不要把他與鹼的OH$^-$搞混了！

   如C$_2$H$_5$OH的OH是醇類官能基

   NaOH的OH是鹼類氫氧根。

   註：「官能基」與「根」都是原子團，但是「官能基」不能解
   離帶電，「根」可以解離帶電。

2. 酸、鹼之外，鹽類也是屬於電解質！

   常見的鹽類：氯化鈉（NaCl俗稱食鹽）、硫酸鈣（CaSO$_4$俗
   稱燒石膏）、碳酸鈣（CaCO$_3$石灰石主要成分）、碳酸鈉
   （Na$_2$CO$_3$俗稱蘇打或洗滌鹼）、碳酸氫鈉（NaHCO$_3$俗稱小
   蘇打或焙用鹼）、硫代硫酸鈉（Na$_2$S$_2$O$_3$俗稱大蘇打或海波）
   等。

3. 布洛酸鹼看的是質子；路易士酸鹼看的是電子。

第二章 酸鹼物質的種類及特性

本章導讀

Who am I ?

酸與鹼到底認不認識自己？

了不了解自己的特質在哪裡？

這章讓我們來搞清楚，深入了解他們！

學習概念圖

電解質
- 酸
  - 特性 ─ 如和活潑金屬反應生成 H_2
  - 命名
    - 含氧與否
    - 解離出 H^+ 的數量
- 鹼
  - 特性 ─ 如可溶解油脂
  - 命名 ─ 氫氧化物
- 鹽

其實，阿周還是滿腹疑問。此時，迎面走來的是最受歡迎的大為老師，他怎麼會放掉這麼好的解惑機會，「老師好，我可以請教您一個理化問題嗎？」

「當然可以！阿周你有什麼問題？」大為老師笑容可掬。

「老師，什麼是酸？一定要以嘴巴嚐嚐看才能知道嗎？」

「酸的東西嚐起來當然就知道是不是酸，但是小心中毒，讓你舌頭嘴巴爛掉啊！我們又不是神農氏，呵呵。」大為老師親切地摸著阿周的頭。「我如果記得沒錯，下一堂課就是你們蘇老師的理化課，剛好現在的進度就是會介紹酸與鹼喔，蘇老師一定會說明得非常清楚。」

① 酸之特性

在前章定義酸是在水中解離出H^+離子的物質，此定義是阿瑞尼士在19世紀後期所提出。除此之外，酸還有具有許多特性：

1. 酸具有酸味。

   例如：檸檬含有檸檬酸、食醋含有醋酸。

2. 酸使植物染料變色。

   例如：使藍色石蕊試紙變紅色。

3. 酸與活性大 [註1] 的金屬反應，產生氫氣。

   例如：鹽酸與鋅塊的反應：

（註1）常見活性大的金屬有：鉀、鈉、鈣、鎂、鋁、碳、鋅、鉻、鐵、錫、鉛。

$$2HCl_{(aq)} + Zn_{(s)} \rightarrow ZnCl_{2(aq)} + H_{2(g)}$$

例如：鹽酸與鎂帶的反應：

$$2HCl_{(aq)} + Mg_{(s)} \rightarrow MgCl_{2(aq)} + H_{2(g)}$$

4. 酸與碳酸鹽或碳酸氫鹽反應會產生二氧化碳。

　　例如：

$$2HCl_{(aq)} + CaCO_{3(s)} \rightarrow CaCl_{2(aq)} + H_2O_{(l)} + CO_{2(g)}$$
$$HCl_{(aq)} + NaHCO_{3(s)} \rightarrow NaCl_{(aq)} + H_2O_{(l)} + CO_{2(g)}$$

5. 酸性水溶液可使碳水化合物脫水變焦黑

　　例如：濃硫酸滴在方糖上會使方糖變黑

　　　　　濃醋酸滴在紙上也會使紙張變燒焦狀

6. 酸性水溶液可導電

　　例如：稀硫酸協助電解水導電

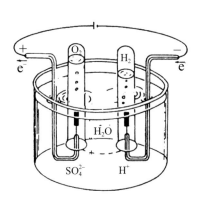

重要觀念建立 2-1-1

下列關於酸的敘述，何者錯誤？

(A) 稀釋硫酸時，應將濃硫酸緩緩加入大量水中，同時以玻璃棒攪拌水溶液

(B) 鹽酸為具有刺鼻味的無色溶液，對眼睛及皮膚有刺激性，應避免碰觸

(C) 硝酸若有光照射，會產生有毒的二氧化氮氣體，故必須以棕色瓶盛裝

(D) 銅由於活性較小，不與稀鹽酸作用，浸泡在硝酸中亦不會發生反應

解析

答案 D

此題主要是講述「酸（acid）」的性質題型，主要是酸的數個重要性質以及酸的處理標準流程，多數學生會在這裡因為背誦而忽略這簡單又很重要的題目。

(A) 稀釋的標準流程，必須將濃酸沿著玻棒加入大量[註2]水中，並攪拌水溶液。

(B) 任何酸性物質皆對身體都有危險[註3]。

（註2）使用大量的水主要是酸與水會放出大量的熱，所以必須利用酸倒入水的方式來預防過多的熱量給予傷害。

（註3）強酸本身有刺激性，會傷害到皮膚；酸氣會傷害到呼吸系統。

(C)此選項的敘述為簡單的說法，學生們還要注意濃硝酸與稀硝酸的反應。

$$4HNO_3 \rightarrow 4NO_2 + 2H_2O + O_2$$

而濃硝酸會分解成二氧化氮；稀硝酸會分解成一氧化氮。

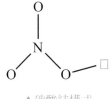

▲硝酸結構式

(D)銅金屬活性較小，不易與酸反應，但會與稀硝酸產生一氧化氮[註4]。

$$3Cu + 8HNO_3 \rightarrow 3Cu(NO_3)_2 + 2NO + 4H_2O$$

$$N = O$$

▲一氧化氮結構式

（註4）在心血管中，一氧化氮對維持血管張力的恆定與調節血壓穩定有著重要作用。硝酸甘油治療心絞痛正是由於其在體內轉化成 NO，擴張血管。在免疫系統中，NO 具殺傷細菌、病毒、腫瘤細胞的作用。在神經系統中，一氧化氮促進學習、記憶過程，並可調節腦血流。

▲硝酸為管制藥品

重要觀念建立 2-1-2

有關酸鹼的敘述，下列何者正確？

(A) 濃硫酸中的H^+比稀硫酸中的H^+多

(B) 解離度小的為弱酸

(C) 所有的鹼均為離子化合物

(D) 凡是酸均有酸味

(E) 溶解度大的為強酸

解析

答案 ABD

此題為高中對於酸鹼性質的考題，已經深入探討至酸鹼物質的內部問題，而這些選項當中有些敘述會讓同學們疑惑，例如強酸與弱酸的分別。

(A) 此差別在於濃度問題，但因為硫酸為強酸是可以完全解離H^+離子。

(B) 強酸、弱酸分別在於解離度[註5]的大小。

(C) 鹼性物質也有為分子化合物，例如：NH_3。

(註5) 解離度為電解質達到解離平衡時已解離的分子數和原分子數之比值，決定了電解質的解離程度。

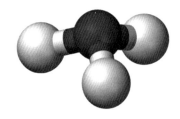

(D) 為酸的特性，如醋酸

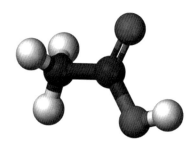

(E) 強弱酸取決於解離度

● ：氫離子H$^+$

● ：氯離子Cl$^-$

▲鹽酸 HCl

● ：氫離子H$^+$

● ：醋酸根CH$_3$COO$^-$

● ：醋酸CH$_3$COOH

▲醋酸 CH$_3$COOH

重要觀念建立 2-1-3

工業上通常用來除鏽或用以清洗金屬表面的溶液是

(A) 硫酸　(B) 鹽酸　(C) 醋酸　(D) 硝酸

解析

答案 B

此題是國中的考題範圍，主要是要考學生對於各酸類的用途，這為國中重點觀念。

重要觀念建立 2-1-4

下列關於水溶液的敘述，何者正確？

(A) 定溫下，$[H^+] \times [OH^-]$之值恆為1.0×10^{-14}

(B) 其$[H^+] = 10^{-pH}M$

(C) pH值愈大，表示$[H^+]$愈小

(D) 物質若可溶於水，其水溶液必具有導電性

(E) 用藍色石蕊試紙測試某水溶液，結果仍呈現藍色，則該水溶液必為鹼性

解析

答案 BC

(A) 僅有在25°C時的水溶液，其$[H^+] \times [OH^-] = 1.0 \times 10^{-14}$。

(B) (C)因定義pH $= -\log[H^+]$，$[H^+] = 10^{-pH}$（M）；pH值變大，$[H^+]$變小。

(D) 物質溶於水不一定能解離離子，故未必可導電，例如：C_2H_5OH、$C_6H_{12}O_6$……。

(E) 石蕊指示劑變色的pH值範圍是（紅色）5.4～8.0（藍色），若檢測溶液的pH值在此變色範圍內，指示劑將呈紅色與藍色之中間色彩（如

下圖所示），但因人眼睛辨色能力之限制，以藍色的石蕊試紙測試中性的水溶液時，理論上雖應呈現紫色，但人眼仍可能視之為藍色；故用藍色石蕊試紙測試某水溶液，結果若仍呈現藍色，則該水溶液可能為鹼性或中性。

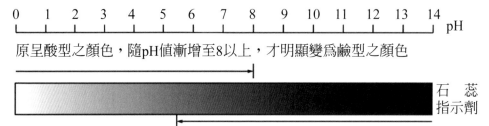

小李與阿周等許多同學正討論著今天早上發生的新聞：有輛載運冰醋酸的化學槽車，在行駛時不慎翻覆，整車的冰醋酸向外傾瀉，波及一旁的許多機車騎士，造成多人灼傷，緊急送醫。

「灼傷是因為酸具有脫水性。」「冰醋酸雖然是弱酸，但濃度高的話，一樣具有危險性！」「冰醋酸為什麼有『冰』字？」

同學們你一言我一語，討論得相當熱烈。

「老師，冰醋酸為什麼有『冰』字？它會結冰嗎？」

「答對了！」蘇老師鼓掌，稱許這些富有想像力的學生，因為，在科學的領域中，想像力比知識更重要！

2 酸之分類及命名

　　酸是溶於水中可產生氫離子（H^+）的物質，酸的化學式包含氫原子及陰離子基，氫原子寫在前面，陰離子寫在後面。化學式中含有氧原子的酸，稱為含氧酸，若不含氧原子，則為非含氧酸。非含氧酸在不同物理狀態下，有不同的名稱。氣態或純液態時，與一般的分子化合物一樣，稱為某化氫；當溶於水中時，稱為氫某酸。

　　例如：

化學式	狀態	學名
HCl	氣體	氯化氫
HCl	水溶液	氫氯酸
HF	氣體	氟化氫
HF	水溶液	氫氟酸
H_2S	氣體	硫化氫
H_2S	水溶液	氫硫酸

　　含氧酸的化學是是將H寫在前面，此外則是將O寫在最後面，中間為中心原子。每個含氧酸只有一個名稱，例如：

化學式	學名
HNO_3	硝酸
H_2CO_3	碳酸

第二章　酸鹼物質的種類及特性

31

　　有些中心原子可以形成兩種以上的含氧酸，通常以最常見或最安定的型態稱為某酸，其餘形式則在字首加上一個字來區別。其餘形式的含氧酸命名原則是：

　　1. 比典型酸多1個O原子時稱為過某酸。

　　　例如：$HClO_4$比$HClO_3$多1個O，稱為過氯酸。

　　2. 比典型酸少1個O原子時稱為亞某酸。

　　　例如：HNO_2比HNO_3少1個O，稱為亞硝酸。

　　3. 比典型酸少2個O原子時稱為次某酸。

　　　例如：$HBrO$比$HBrO_3$少2個O，稱為次溴酸。

▲線上講堂：鹽酸屬於純物質或混合物？

含氧酸的酸根爲含氧陰離子，命名原則如下：

1. 當典型酸所有氫離子都移去時，稱爲某酸根。

   例如：CO_3^{2-}爲H_2CO_3的酸根離子，稱爲碳酸根。

2. 當亞某酸的所有氫離子都移去時，稱爲亞某酸根。

   例如：ClO_2^-爲$HClO_2$的酸根離子，稱爲亞氯酸根。

3. 當酸的部分氫離子移去時，剩下的氫離子數目必須出現在名稱中，
   例如：

化學式	中文學名
H_3PO_4	磷酸
$H_2PO_4^-$	磷酸二氫根
HPO_4^{2-}	磷酸氫根
PO_4^{2-}	磷酸根

　　一般在實驗室常使用的酸有氫氯酸（HCl）、硝酸（HNO_3）、醋酸（CH_3COOH）、硫酸（H_2SO_4）、和磷酸（H_3PO_4），這些酸能解離出的H^+離子的數量截然不同。根據解離出H^+離子的數量來命名。

1. 當每個酸分子只能解離出1個氫離子，稱爲單質子酸。

   例如：鹽酸、硝酸、醋酸。

2. 每個酸分子可解離出2個氫離子，稱爲二質子酸。

   例如：硫酸。

3. 每個酸分子可能接離出3個氫離子，稱爲三質子酸。

   例如：磷酸。

例題 2-2-1

下列何者為雙質子酸？

(A) 亞硫酸 H_2SO_3

(B) 亞磷酸 H_3PO_3

(C) 蟻酸 CH_2O_2

(D) 草酸 $H_2C_2O_4$

(E) 乙醯柳酸（阿司匹靈）$C_9H_8O_4$

解析

答案 A

可以解離出 2 個 H^+ 者為是。

(A) 亞硫酸 $H_2SO_3 \rightarrow 2H^+ + SO_3^{2-}$

(B) 亞磷酸 $H_3PO_3 \rightarrow 3H^+ + PO_3^{3-}$

(C) 蟻酸 $CH_2O_2 \rightarrow H^+ + HCOO^-$

(D) 草酸 $H_2C_2O_4 \rightarrow 2H^+ + C_2O_4^{2-}$

(E) 乙醯柳酸（阿司匹靈）$C_9H_8O_4 \rightarrow H^+ + C_9H_7O_4^-$

例題 2-2-2

選出正確的酸鹼命名？

(A) $HCN_{(aq)}$ 氰化氫

(B) $HI_{(aq)}$ 氫碘酸

(C) H_2MnO_4 過錳酸

(D) H_3BO_3玻尿酸

(E) $Be(OH)_2$氫氧化鈹

解析

答案 ABE

(C)過錳酸為$HMnO_4$。

(D)H_3BO_3是為硼酸，玻尿酸分子式為$(C_{14}H_{21}NO_{11})_n$。

　　同學們對酸終於有一番認識了，可是，與酸相對的鹼呢？鹼是什麼味道？

　　「什麼是鹼？鹼是什麼味道？」阿周心中的問號又開始成形。蘇老師看見阿周皺起眉頭，就知道他心中又產生疑問。

　　阿周抬頭，看見老師正看著他，就大膽發問：「老師，鹼是什麼味道啊？」

　　「笨喔，你不會回家舔一口肥皂喔！」小李打趣地回答。

　　「呵呵，」蘇老師聽見小李的回答，笑得開懷，「舔肥皂不可取啦，倒是可以將香蕉皮洗乾淨吃吃看。」

3 鹼之特性

　　在前章定義鹼是在水中解離出OH^-離子的物質，此定義是阿瑞尼士在19世紀後期所提出。除此之外鹼還有許多特性：

1. 鹼具有苦澀的味道。

   例如：在用肥皂[註6]洗澡時，不小心嘗到肥皂水。

2. 鹼摸起來滑滑的。

   例如：肥皂具有的滑膩感。

3. 鹼會使植物染料變色。

   例如：使紅色石蕊試紙變藍色。

4. 鹼性水溶液可以導電。

5. 鹼性物質易溶解油脂。

   例如：氫氧化鈉握於手中，指紋消失[註7]。

例題 2-3-1

下列關於鹼的敘述，何者錯誤？

(A) 氫氧化鈉是白色固體，俗稱燒鹼或苛性鈉，溶於水會放熱，
    對皮膚有腐蝕性

(B) 氨水有刺激性臭味，具殺菌作用，稀釋後可作家庭清潔劑

(C) 鹼性水溶液使廣用試紙呈黃色或橙色，使酚酞呈無色

(D) 鹼性水溶液可溶解油脂，摸起來有滑膩感

（註6）皂化反應：油脂＋氫氧化鈉 → 肥皂＋甘油（因為跟強鹼反應，故肥皂偏
　　　　向弱鹼）。

（註7）手上易累積老舊油脂造成指紋，以前小偷為了不留下指紋，都會準備氫氧
　　　　化鈉水洗去手上的指紋。

答案 C

(C)酸性水溶液使廣用試紙呈黃色或橙色,使酚酞呈無色。

　　阿周還真的去吃香蕉皮,「嗯,原來這就是鹼的味道啊……」,他把這件事告訴小李,不料小李居然回答說:

　　「你吃香蕉皮?聽說吃香蕉皮可以治失戀耶,哈哈,你上次被琪琪甩了,現在吃過香蕉皮之後,心情有沒有好一點?」

　　「小李你欠揍……」想起小琪的阿周,心中真是酸酸的五味雜陳,「不管你了!我要開始研究琪琪……不,是研究鹼的命名方式。」

4　鹼之分類及命名

　　鹼是溶在水中可以產生氫氧離子(OH^-)的物質,因此化學式中通常含有OH^-跟鹼金族金屬陽離子或鹼土族金屬陽離子,稱為氫氧化某。

　　例如:

化學式	學名
NaOH	氫氧化鈉
$Ca(OH)_2$	氫氧化鈣

在此要提出一個物質「氨」，氨是一個弱電解質（所以為弱鹼），裡面只有部分的NH_3和水直接反應形成NH_4^+和OH^-離子，反應式如下：

$$NH_{3(aq)} + H_2O_{(l)} \rightleftharpoons NH_{4(aq)}^+ + OH_{(aq)}^-$$

有些書籍中氨溶於水形成氫氧化銨，實際沒有直接的證據顯示NH_4OH確實以此形式存在於水中。

例題 2-4-1

下列何者能使石蕊試紙變藍色？

(A) $HCl_{(aq)}$ (B) $NH_{3(aq)}$ (C) $C_2H_5OH_{(aq)}$ (D) $Na_2CO_{3(aq)}$ (E) $KOH_{(aq)}$

解析

答案 BDE

(D)$Na_2CO_{3(aq)}$雖然屬於鹽類，但水溶液為鹼性。

例題 2-4-2

選出下列化學式正確者：

(A) 洗濯鹼：Na_2CO_3

(B) 焙用鹼：$NaHCO_3$

(C) 燒鹼：$NaOH$

(D) 大蘇打：$NaHCO_3$

(E) 小蘇打：$Na_2S_2O_3$

解 析

答案 ABC

(D)大蘇打：$Na_2S_2O_3$。

(E)小蘇打：$NaHCO_3$。

例題 2-4-3

小建研究一未知氣體，發現該氣體的性質如下：a.無色；b.比空氣輕；c.易溶於水；d.可使潤溼的石蕊試紙呈藍色。試問該未知氣體可能是什麼？

(A) SO_2　(B) CO_2　(C) NH_3　(D) HCl

解 析

答案 C

NH_3的性質如下：無色、比空氣輕、易溶於水、可使潤溼的石蕊試紙呈藍色。

例題 2-4-4

瑞典化學家阿瑞尼士（Arrhenius）認為酸會使水中增加$[H^+]$；而鹼會使水中增加$[OH^-]$，依此觀念下列何者為鹼？

(A) CaO　(B) C_2H_5OH　(C) NH_3　(D) HCOOH　(E) CO_2

第二章　酸鹼物質的種類及特性

解 析

答案 AC

(A) $CaO_{(s)} + H_2O_{(l)} \rightarrow Ca^{2+}_{(aq)} + 2OH^-_{(aq)}$

(B) C_2H_5OH水溶液呈中性。

(C) $NH_{3(aq)} + H_2O_{(l)} \rightarrow NH_4^+_{(aq)} + OH^-_{(aq)}$

(D) $HCOOH_{(aq)} \rightarrow H^+_{(aq)} + HCOO^-_{(aq)}$

(E) $CO_{2(g)} + H_2O_{(l)} \rightarrow H_2CO_{3(aq)}$

▲趣味線上講堂／無殼蛋實驗

1. 酸具有的特性：
   (1) 酸具有酸味。
   (2) 酸使植物染料變色。
   (3) 酸與活性大的金屬反應，產生氫氣。
   (4) 酸與碳酸鹽或碳酸氫鹽反應會產生二氧化碳。
   (5) 酸性水溶液可使碳水化合物脫水變焦黑。
   (6) 酸性水溶液可導電。

2. 化學式中含有氧原子的酸，稱為含氧酸，若不含氧原子，則為非含氧酸。

3. 鹼具有的特性：
   (1) 鹼具有苦澀的味道。
   (2) 鹼摸起來滑滑的。
   (3) 鹼會使植物染料變色。
   (4) 鹼性水溶液可以導電。
   (5) 鹼性物質易溶解油脂。

4. 鹼是溶在水中能產生氫氧離子（OH^-）的物質，因此化學式中通常含有OH^-跟鹼金族金屬陽離子或鹼土族金屬陽離子，稱為氫氧化某。

第二章 酸鹼物質的種類及特性

41

學習上應注意事項與容易犯下的錯誤

1. 強酸、弱酸分別在於解離度的大小。

2. 非含氧酸在不同物理狀態下，有不同的名稱。氣態或純液態時，與一般的分子化合物一樣，稱為某化氫；當溶於水中時，稱為氫某酸。

3. 有些中心原子可以形成兩種以上的含氧酸，通常以最常見或最安定的型態稱為某酸，其餘形式則在字首加上一個字來區別。

   其餘形式的含氧酸命名原則是：

   (1)比典型酸多1個O原子時稱為過某酸。

   (2)比典型酸少1個O原子時稱為亞某酸。

   (3)比典型酸少2個O原子時稱為次某酸。

4. 含氧酸的酸根為含氧陰離子，命名原則如下：

   (1)當典型酸所有氫離子都移去時，稱為某酸根。

   (2)當亞某酸的所有氫離子都移去時，稱為亞某酸根。

   (3)當酸的部分氫離子移去時，剩下的氫離子數目必須出現在名稱中。

第三章 酸鹼反應平衡與濃度計算

本章導讀

常常搞不清楚什麼常數不常數的？

一堆解離常數 K_a？K_b？到底是啥鬼東東？

到底是怎麼跑出來的！

其實它並不難，它是有跡可循的，就讓我們一起理解它吧！

學習概念圖

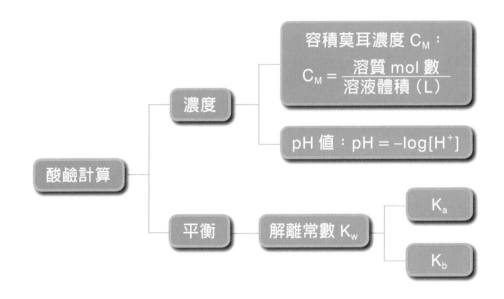

酸鹼計算

濃度

容積莫耳濃度 C_M：
$$C_M = \frac{\text{溶質 mol 數}}{\text{溶液體積（L）}}$$

pH 值：$pH = -\log[H^+]$

平衡

解離常數 K_w

K_a

K_b

討厭的段考時間又到了。

監考的蘇老師，看著應考的所有同學，有的埋首疾書，有的搔首苦思，有的手上甩筆功夫出神入化……，每位同學的模樣都不盡相同，相當有趣。

蘇老師看著考卷上的題目，發現這次段考題目還真不簡單，其中充斥著酸鹼濃度的計算題，心中暗忖：這次要考高分真的不容易！

果然，下課鈴聲響起，全班同學哀鴻遍野，幾位用功的同學們聚集在一起，討論著剛剛題目的正確解法，由於部分題目的解法，與數學的一些對數理論有關，小李還拿著考卷，喊著要去找數學老師發問。蘇老師看在眼裡，心中相當感動，「我們未來國家的主人翁，對課業如此認真且用功，我們的國家真是充滿了希望！」

① 酸鹼濃度計算

一、純水電離

1. 水為弱電解質，僅極小部分解離成氫離子和氫氧根離子，純水僅有極微之導電性。其解離反應如下：

$$H_2O_{(l)} \rightleftharpoons H^+_{(aq)} + OH^-_{(aq)}$$

在水中，H_2O、H^+、OH^-三者間成平衡。即電離常數$K = \dfrac{[H^+][OH^-]}{H_2O_{(l)}}$

但成分子狀態的H_2O甚多，而解離成離子的水分子甚少，故可將

[H_2O]視爲55.6M。

可將電離常數K式改寫成：$K \times [H_2O] = K_w = [H^+][OH^-] \leftarrow$ 水之離子積

2. 純水中，$[H^+] = [OH^-] \rightarrow K_w = [H^+]^2$

$\therefore [H^+] = \sqrt{K_w} = \sqrt{1.00 \times 10^{-14}} = 1.00 \times 10^{-7}M = [OH^-]$（於25℃）

3. 溶液中，$[H^+] = [OH^-]$稱中性

$\qquad [H^+] > [OH^-]$稱酸性

$\qquad [H^+] < [OH^-]$稱鹼性

4. 因水電離爲吸熱反應（$\Delta H = +13.68$千卡），故依勒沙特列原理，溫度升高時，平衡即向右進行，以吸收所增加之熱量。因此K_w亦增加，亦即$[H^+]$隨溫度升高而增加。

二、pH 值

1. 爲方便記錄，科學家常以pH值表示$[H^+]$；即$pH = -\log[H^+]$。

2. 25℃時：$pH = 7 \rightarrow$ 中性

$\qquad pH > 7 \rightarrow$ 鹼性

$\qquad pH < 7 \rightarrow$ 酸性

3. 當時$[H^+] = a \times 10^{-b}M$時 $\rightarrow pH = b - \log a$，若知pH值時，亦可換出$[H^+]$。

三、強酸（鹼）的電離

1. 酸、鹼加入水中後，提供H_2O解離的同離子，使H_2O解離更少。

2. 通常水中的$[H^+]$或$[OH^-]$考慮酸或鹼提供的即可。

3. 強酸[註1]、強鹼溶於水[註2]，通常視爲完全解離[註3]。

重要觀念建立 3-1-1

弱酸HF的1 M溶液在平衡狀況下,下列何者的濃度最大?(HF 的解離常數為6.5×10^{-4})

(A) H^+　(B) OH^-　(C) F^-　(D) HF

解析

答案 D

本題主要是看解離常數的大小,並非完全解離,在水溶液當中的離子在平衡時會有固定的濃度值,此題為簡單的題型,需注意其列式算法。

HF本為弱酸,首先

1. 需先列式

$$
\begin{array}{lcccc}
 & HF & \rightleftharpoons & H^+ & + & F^- \\
初 & 1(C_0) & & & & \\
反應 & -X & & +X & & +X \\
平衡 & 1-X \text{ or } 1-C_0 & & X & & X \\
\end{array}
$$

(註1)　強酸有 $HClO_4$、HI、HBr、HCl、HNO_3、H_2SO_4。

(註2)　強鹼有 IA(Li 除外)、IIA(Be、Mg 除外)的氫氧化物。

(註3)　H_2SO_4 一般第二個 H^+ 視為部分解離,但在稀溶液要算 $[H^+]$ 又無 K,視為完全解離。

2. 再帶入解離常數

$$K_a^{(\text{註4})} = [H^+][F^-]/[HF]$$
$$= X \times X / 1-X$$
$$= X^2/1-X$$

$\boxed{X^2/1-X = 6.5 \times 10^{-4}}$ ……此等式極為重要；

$X = \sqrt{1 \times 6.5 \times 10^{-4}} \doteqdot 2.55 \times 10^{-2}$（M）$\doteqdot [F^-]$

依題目選項

(A) $[H^+] = 2.55 \times 10^{-2}$（M）

(B) $[OH^-] = 10^{-14}/[H^+] \doteqdot 3.92 \times 10^{-13}$（M）

(C) $[F^-] = 2.55 \times 10^{-2}$（M）

(D) $[HF] = 1-C_0 = 1 - 0.0255 = 0.9745$（M）

故$[HF] > [H^+] = [F^-] > [OH^-]$

重要觀念建立 3-1-2

下列各酸濃度均為 0.1 M，且均在25℃，何者之pH值最低？

(A) HCN（$K_a = 4 \times 10^{-10}$）

(B) HF（$K_a = 7.2 \times 10^{-4}$）

(C) HSO_4^-（$K_a = 1.3 \times 10^{-2}$）

(D) $HC_2H_3O_2$（$K_a = 1.8 \times 10^{-5}$）

（註4）K_a 為弱酸 HA 的游離常數，為平衡常數的一種。若 $C_0/K_a > 1000$ 倍（或 $\alpha < 3\%$）時，$C_0 - X \doteqdot C_0$

解析

答案 C

此題為利用解離常數來判斷酸性強度的簡單問法，主要是要考 K_a 的特性。

1. 定溫下為定值，與濃度無關。

2. K_a 愈大，同濃度下所產生 $[H^+]$ 愈多，酸性愈強⋯⋯ 此題概念

3. 弱酸濃度愈稀，$[H^+]$ 愈小，游離度愈大。

所以就題目而言 (C)HSO_4^-（$K_a = 1.3 \times 10^{-2}$）值最大，也在同濃度（0.1 M）下最酸，pH最小。

而由這題可以再延伸出「酸的游離分率（α）」

$$\boxed{\alpha = [HA]_{已解離}/[HA]_{初} \times 100\%}$$

$$\alpha = (x/C_0) \times 100\% = (K_a/C_0)^{1/2} \times 100\%$$

(A) $(4 \times 10^{-10}/0.1)^{1/2} \times 100\% \fallingdotseq 0.6\%$

(B) $(7.2 \times 10^{-4}/0.1)^{1/2} \times 100\% \fallingdotseq 8\%$

(C) $(1.3 \times 10^{-2}/0.1)^{1/2} \times 100\% \fallingdotseq$ 36% ⋯⋯$[H^+]$解離最多，呼應本題答案！

(D) $(1.8 \times 10^{-5}/0.1)^{1/2} \times 100\% \fallingdotseq 1\%$ ⋯⋯同學們要小心計算的部分！

2 單元弱酸（鹼）之解離常數

1. $[H^+]$通常僅需由K_a決定。（除非$C_0 \cdot K_a \cong K_w$）

2.　　　$HA_{(aq)}$　　$\rightleftharpoons$　　H^+　+　$A^-_{(aq)}$

初　　C_0

平　　$C_0 - x$　　　　　　x　　　　x　$\Rightarrow K_a = \dfrac{[H^+][A^-]}{[HA]} = \dfrac{x^2}{C_0 - x}$
或

平　　$C_0(1 - \alpha)$　　　　$C_0\alpha$　　　$C_0\alpha \Rightarrow K_a = \dfrac{\alpha^2 C_0}{1 - \alpha}$

若電離度很小，（通常3%以下）

則 $\begin{cases} [H^+] = \sqrt{C_0 \cdot K_a} \quad \left(\dfrac{[H^+]}{C_0} < 3\%\right) \\[3mm] \alpha = \sqrt{\dfrac{K_a}{C_0}} \end{cases}$

若改爲單元弱鹼（BOH），則公式改爲：

$\begin{cases} [OH^-] = \sqrt{C_0 K_b} \quad \left(\dfrac{[OH^-]}{C_0} < 3\%\right) \\[3mm] \alpha = \sqrt{\dfrac{K_b}{C_0}} \end{cases}$

3 多元弱酸（鹼）之解離常數

1. $[H^+]$來源通常僅需考慮K_{a1}，結論的公式與第二節的K_a一樣。

2. 欲計量求粒子平衡濃度時，不可將方程式合併作計量

　　例如：H_2S爲0.1M，問平衡時$[H^+] = ?\ M$（H_2S之$K_{a1} = 10^{-7}$，$K_{a2} = 10^{-15}$）

　　　　$H_2S \rightleftharpoons H^+ + HS^-$　　　$K_{a1} = 10^{-7}$

　→因$K_{a1} \gg K_{a2}$　$\therefore x \gg y$，且K_{a1}很小　$\therefore 0.1 \gg x$

　$\therefore K_{a1} = \dfrac{[H^+][HS^-]}{[H_2S]} = \dfrac{(x + y)(x - y)}{(0.1 - x)} = 10^{-7}$

　（因相對小，所以分子y及分母x可忽略）

$$\therefore [H^+] = x = \sqrt{0.1 \times 10^{-7}} = 10^{-4}$$

$$\downarrow \qquad \downarrow$$

$$C_0 \qquad K_{a1}$$

3. 若達平衡，則粒子平衡濃度必滿足所有定律式及其組合。

重要觀念建立 3-2-1

某弱鹼之$K_b = 1 \times 10^{-11}$，則0.10 M的此弱鹼水溶液之pH值約為多少？

(A) 8　(B) 9　(C) 10　(D) 13

解析

答案 A

此題為由解離常數求pH值題型，而給K_a（酸的解離常數）可直接求得$[H^+]$再求得pH值，這並不困難，本題是給K_b（鹼的解離常數），這裡的解題方式有兩種，第一種為基本解法按步就班的把$[H^+]$算出來，如：

$$\begin{array}{ccccc} & BOH & \rightleftharpoons & B^+ & + & OH^- \\ 初 & 0.1 & & & & \\ 反應 & -X & & +X & + & X \\ 平衡 & 0.1-X & & X & & X \end{array}$$

$K_b = X^2/0.1 - X$ ……由解離常數可以動點手腳！

$$K_b = 1 \times 10^{-11} \quad \boxed{太小可忽略}^{(註5)}$$

因此　　$K_b = X^2/0.1 = 1 \times 10^{-11}$ ……由此算式計算

$X = 1 \times 10^{-6} \, M = [OH^-]$

利用　　$[H^+][OH^-] = 10^{-14}$

$[H^+] = 10^{-8}$；pH = 8

　　這算法，出發點是在pH是要做$[H^+]$的數學計算，所以經由K_b算出$[OH^-]$在傻傻的算出$[H^+]$，而第二種算法其實是化繁為簡，如：

```
        BOH      ⇌      B⁺  +  OH⁻
初      0.1
反應    −X              +X  +   X
平衡    0.1 − X          X       X ……相同列式
```

而　　$[OH^-] = X = \sqrt{C_0 \times K_b} = 1 \times 10^{-6} \, M$；pOH = 6

利用　　pH + pOH = 14；pH = 8 ……化簡成加法比較不會出錯喔！

重要觀念建立 3-2-2

25℃時，NH_3之鹼解離常數$K_b = 1.8 \times 10^{-5}$，則下列有關0.10 M氨水溶液之敘述，何者錯誤？

(A) $[OH^-] = 1.34 \times 10^{-3} \, M$

(B) $[H^+] = 7.46 \times 10^{-12} \, M$

(C) $12 < pH < 13$

(D) 解離百分率為1.34%

（註5）解離常數是否可忽略需視 K_a 或 K_b 大小而定，假設常數極小，$X \ll C_0$，

$\therefore C_0 - X \fallingdotseq C_0$

答案 C

$$NH_4OH \rightleftharpoons NH_3^+ + OH^-$$

初	0.1		
反應	$-X$	$+X$	$+X$
平衡	$0.1-X$	X	X

(A)、(B)可以得知$C_0 >> K_b$，∴$0.1-X \fallingdotseq 0.1$，X可忽略

可代 $X = [OH^-] = \sqrt{C_0 \times K_b} = 1.34 \times 10^{-3}$ M

而25°C時，$[H^+][OH^-] = 10^{-14}$因此$[H^+] = 7.46 \times 10^{-12}$ M

(D)解離率（α）$= \sqrt{\dfrac{K_b}{C_0}} = \sqrt{\dfrac{1.8 \times 10^{-5}}{0.1}} = 1.34\%$

(C)pH $= -\log[H^+] = -\log 7.46 \times 10^{-12} = 12 - \log 7.46 = 12 - 0.873 = 11.127$

此題其實不需要算得這麼辛苦，題目裡都有一些線索可以看出來。

pH值的範圍判斷：

判斷pH範圍屬於 國中階段程度
$1 < pH < 2 \cdots\cdots [H^+] = a \times 10^{-2}$
$2 < pH < 3 \cdots\cdots [H^+] = a \times 10^{-3}$
$3 < pH < 4 \cdots\cdots [H^+] = a \times 10^{-4}$
$4 < pH < 5 \cdots\cdots [H^+] = a \times 10^{-5}$
$5 < pH < 6 \cdots\cdots [H^+] = a \times 10^{-6}$
$6 < pH < 7 \cdots\cdots [H^+] = a \times 10^{-7}$
$7 < pH < 8 \cdots\cdots [H^+] = a \times 10^{-8}$

$$8 < pH < 9 \cdots\cdots [H^+] = a \times 10^{-9}$$
$$9 < pH < 10 \cdots\cdots [H^+] = a \times 10^{-10}$$
$$10 < pH < 11 \cdots\cdots [H^+] = a \times 10^{-11}$$
$$11 < pH < 12 \cdots\cdots [H^+] = a \times 10^{-12}$$
$$12 < pH < 13 \cdots\cdots [H^+] = a \times 10^{-13}$$
$$13 < pH < 14 \cdots\cdots [H^+] = a \times 10^{-14}$$

計算pH正確數值屬於 高中階段程度
學生們要熟記下列數值

log2 = 0.3010、log3 = 0.4771、log7 = 0.8450，無提供log7.46，可以直接用範圍判斷即可。

重要觀念建立 3-3-1

將pH = 0.0的鹽酸溶液1 mL與pH = 13.0的氫氧化鈉溶液10 mL混合後，溶液的pH值為何？

(A) 13　(B) 7.0　(C) 6.5　(D) 1.0

解析

答案 B

本題是酸鹼中和後求其pH值，主要的重點是要了解在酸鹼中和，是要以H^+與OH^-兩者的mole數，並非酸與鹼的mole數。

HCl為單質子強酸pH = 0　∴$[H^+]$ = 10^0 = 1M　∴n_{H^+} = 1×1 = 1 mmol；

NaOH為一元強鹼pH = 13　∴$[OH^-]$ = 10^{-1} = 0.1 M

∴n_{OH^-} = 0.1×10 = 1 mmol；

故n_{H^+} = n_{OH^-}，故為中性。

一般來說，各位讀者要注意酸與鹼的種類。

酸的分類上分為：

1. 單質子酸如：HCl、HNO$_3$、HClO$_4$、H$_3$PO$_2$、C$_6$H$_5$OH
2. 雙質子酸如：H$_2$SO$_4$、H$_2$C$_2$O$_4$、H$_3$PO$_3$、H$_2$S
3. 三質子酸如：H$_3$PO$_3$

鹼的分類上分為：

1. 單元鹼如：NaOH、KOH
2. 二元鹼如：Ca(OH)$_2$、Mg(OH)$_2$
3. 三元鹼如：Fe(OH)$_3$

重要觀念建立 3-3-2

在鹽酸溶液中加入適量的酚酞後，以0.1 M氫氧化鈉水溶液滴定至完全中和時，下列敘述何者錯誤？

(A) 溶液由無色變成粉紅色時，達滴定終點
(B) 完全中和時，H$^+$的莫耳數＝OH$^-$的莫耳數，故pH＝7
(C) 實驗過程中，溫度計顯示的溫度會上升
(D) 若分別滴定同濃度且同體積的HCl與CH$_3$COOH，因為HCl為強酸而CH$_3$COOH為弱酸，故所需氫氧化鈉的體積為HCl＞CH$_3$COOH

解析

答案 D

(A) 加入指示劑後變色點為滴定終點

(B) 此選項為酸鹼中和的大重點 …… 國中觀念

(C) 中和必放熱

(D) 所需氫氧化鈉的體積為 HCl ＝ CH₃COOH，因為中和時，CH₃COOH 雖為弱酸，但根據勒沙特列原理，當加入 NaOH 時會用掉 H^+，使平衡向右，故最後 CH₃COOH 也會完全解離，所以中和時只與酸的莫耳數有關而與其強度無關

重要觀念建立 3-3-3

下列敘述何者正確？

(A) 0℃時，中性溶液之 pH 值為 7

(B) 25℃時，10^{-2} M NaOH 溶液之 pH 值為 2

(C) 25℃時，10^{-8} M NaOH 溶液之 pH 值為 6

(D) 25℃時，10^{-8} M HCl 溶液之 pH 值 ＜ 7

解析

答案 D

(A) 0℃時，$K_w < 10^{-14}$，所以中性 pH ＝ pOH ＞ 7

(B) 25℃時，[NaOH] ＝ 10^{-2} M ⇒ [OH⁻] ＝ 10^{-2} M ⇒ pOH ＝ 2　pH ＝ 14−2 ＝ 12

(C) 由觀念來思考，25℃時，中性溶液 pH ＝ 7，酸性溶液 pH ＜ 7，鹼性溶液 pH ＞ 7，所以 10^{-8} M 的 NaOH 溶液之 pH 值不會小於 7，會趨近於 7

(D) 同理，10^{-8} M 的 HCl 溶液之 pH 值會趨近於 7，但還是小於 7

重要觀念建立 3-3-4

$KOH_{(s)}$與$Ca(OH)_{2(s)}$混合物共重2.04克，溶成100毫升水溶液，此溶液10毫升恰與0.1 M HCl 50毫升中和，則KOH（式量 = 56）與$Ca(OH)_2$（式量 = 74）混合物中，兩者莫耳數之比為若干？

(A) 1：1　(B) 1：2　(C) 2：1　(D) 2：3

解析

答案 D

設KOH有x莫耳，$Ca(OH)_2$有y莫耳

由$n_{H^+} = n_{OH^-}$

$0.1 \times 0.05 \times 1 = \dfrac{10}{100} \times (x \times 1 + y \times 2)$

$\Rightarrow x + 2y = 0.05$ ⋯⋯⋯⋯⋯ ①

且$56x + 74y = 2.04$⋯⋯⋯⋯⋯ ②

由①、② $\Rightarrow \begin{cases} y = 0.02 \\ x = 0.01 \end{cases}$

x：y = 1：2

重要觀念建立 3-3-5

下列有關pH值的敘述，何者錯誤？

(A) 25°C時，10^{-8} M鹽酸之pOH = 6

(B) 80°C時，某溶液的pOH = 7，則此溶液的pH > 7

(C) 25°C時，pH = 3的鹽酸之$[H^+]$大於pH = 3的醋酸溶液之$[H^+]$

(D) 25℃、10^{-3} M氫氧化鈉溶液的pOH值和50℃、10^{-3} M氫氧化鈉溶液的pOH值相等

(E) 25℃時，pH = 3的鹽酸和pH = 6的鹽酸分別以水稀釋10倍，兩者的pH值均增加1

解析

答案 ABCE

(A) 25℃時，[HCl] = 10^{-8} M、[H$^+$] = 10^{-8} M，但此時需考慮純水解離所提供的H$^+$。

設有x M水解離

$$H_2O \rightleftharpoons H^+ + OH^-$$

平衡　　　x + 10^{-8}　　x

又$K_w = 1 \times 10^{-14}$

$\Rightarrow x(x + 10^{-8}) = 1 \times 10^{-14}$

$\Rightarrow x = 9.5 \times 10^{-8}$(M)

所以[H$^+$] = 1.05×10^{-7} M $\Rightarrow$ pH = 6.98；pOH = 14 − 6.98 = 7.02

(B) 80℃時，$K_w > 1 \times 10^{-14} \Rightarrow pK_w < 14$，又pH + pOH = pK_w，所以pH + pOH < 14，當pOH = 7代入 $\Rightarrow$ pH < 7

(C) 同溫下，pH = 3 $\Rightarrow$ [H$^+$] = 1×10^{-3} M，所以兩者的[H$^+$]相當。

(D) [NaOH] = 10^{-3} M $\Rightarrow$ [OH$^-$] = 10^{-3} M $\Rightarrow$ pOH = 3

$\Rightarrow$ 兩者pOH值相等，但因溫度不同，K_w不同，所以pH值不同。

(E) pH = 3的鹽酸稀釋為10倍，其pH' = 4，pH = 4−3 = 1

pH = 6的鹽酸，[HCl] = 10^{-6} M，當稀釋為10倍時，[HCl]' = 10^{-7} M，此時水中[H$^+$]需考慮水的解離。

設有x M水解離

$$H_2O \rightleftharpoons H^+ + OH^-$$

平衡　　$x + 10^{-7}$　　x

$\Rightarrow x(x + 10^{-7}) = 10^{-14}$

$\Rightarrow x = 0.62 \times 10^{-7}$（M）

所以$[H^+] = 0.62 \times 10^{-7} + 1 \times 10^{-7}$

$= 1.62 \times 10^{-7}$（M）$\Rightarrow pH = 6.79$

$\Delta pH = 6.79 - 6 = 0.79$

重要觀念建立 3-3-6

在25℃時，下列各種濃度的溶液與其對應的pH值，何者正確？

（$\log 2 = 0.3$，$\log 3 = 0.48$）

(A) 1 M鹽酸，pH = 1

(B) 10^{-8} M氫氧化鈉溶液，pH = 6

(C) 1 M氯化鈉溶液，pH = 1

(D) $[H^+] = 2 \times 10^{-4}$ M，pH = 3.7

(E) $[OH^-] = 3 \times 10^{-5}$ M，pH = 9.48

解析

答案 DE

(A) 鹽酸為強酸，$[HCl] = 1$ M $\Rightarrow [H^+] = 1$ M，所以pH = 0。

(B) 當$[NaOH] = 10^{-8}$ M時，溶液中因濃度太稀，此時OH^-的來源需考慮水的解離設有x M水解離。

$$H_2O \rightleftharpoons H^+ + OH^-$$

平衡 x $x + 10^{-8}$

$x(x + 10^{-8}) = 10^{-14}$

$\Rightarrow x = 0.95 \times 10^{-7}(M)$，$[OH^-] = 1.05 \times 10^{-7}M$

所以pOH = 6.98；pH = 7.02

(C) NaCl呈中性，所以pH = 7

(D) $[H^+] = 2 \times 10^{-4}M \Rightarrow pH = 4 - \log 2 = 4 - 0.3 = 3.7$

(E) $[OH^-] = 3 \times 10^{-5}M \Rightarrow pOH = 5 - \log 3 = 5 - 0.48 = 4.52$；

$pH = 14 - 4.52 = 9.48$

重要觀念建立 3-3-7

已知在各種不同溫度時，水的K_w值如下表。下列溶液性質的敘述，何者正確？

溫度	K_w 值
0°C	1.13×10^{-15}
20°C	2.93×10^{-15}
25°C	1.00×10^{-14}
40°C	2.92×10^{-14}
50°C	5.47×10^{-14}
60°C	1.04×10^{-13}

(A) 60°C時，$[H^+] = 3.0 \times 10^{-7}M$，呈鹼性

(B) 25℃時，[H⁺] = 3.66 × 10⁻⁸M，呈酸性

(C) 40℃時，[H⁺] = 3.0 × 10⁻⁷M，呈酸性

(D) 0℃時，[H⁺] = 3.66 × 10⁻⁸M，呈中性

(E) 20℃時，[H⁺] = 1.0 × 10⁻⁷M，呈酸性

解析

答案 ABCE

(A) 60℃：$[H^+] = 3.0 \times 10^{-7}\,M$；$[OH^-] = \dfrac{1.04 \times 10^{-13}}{3.0 \times 10^{-7}} = 3.47 \times 10^{-7}\,M$

$[OH^-] > [H^+]$，所以呈鹼性

(B) 25℃：$[H^+] = 3.66 \times 10^{-8}\,M$；$[OH^-] = \dfrac{1 \times 10^{-14}}{3.66 \times 10^{-8}} = 2.73 \times 10^{-7}\,M$

$[OH^-] > [H^+]$，所以呈鹼性

(C) 40℃：$[H^+] = 3.0 \times 10^{-7}\,M$；$[OH^-] = \dfrac{2.92 \times 10^{-14}}{3.0 \times 10^{-7}} = 9.73 \times 10^{-8}\,M$

$[H^+] > [OH^-]$，所以呈酸性

(D) 0℃：$[H^+] = 3.66 \times 10^{-8}\,M$；$[OH^-] = \dfrac{1.13 \times 10^{-15}}{3.66 \times 10^{-8}} = 3.09 \times 10^{-8}\,M$

$[H^+] > [OH^-]$，所以呈酸性

(E) 20℃：$[H^+] = 1.0 \times 10^{-7}\,M$；$[OH^-] = \dfrac{2.93 \times 10^{-15}}{1.0 \times 10^{-7}} = 2.93 \times 10^{-8}\,M$

$[H^+] > [OH^-]$，所以呈酸性

重要觀念建立 3-3-8

有a、b、c三個燒杯，分別盛有：

a. 25℃醋酸水溶液；

b. 25℃鹽酸：

c. 50℃鹽酸，測得其pH值均爲5。

下列敘述何者正確？

(A) $[OH^-]$：$a = b < c$

(B) pK_w：$a > b > c$

(C) $\dfrac{[H^+]}{[OH^-]}$：$a = b > c$

(D) 濃度（M）：$a = b = c$

(E) 加水稀釋爲10倍體積（溫度不變），pH值：$a = b = c$

解析

答案 AC

a、b、c溶液的pH值均為5，即三個溶液的$[H^+]$均相等 $\Rightarrow$ $[H^+] = 1 \times 10^{-5}$ M，又$[H^+][OH^-] = K_w$，所以$[OH^-] = \dfrac{K_w}{[H^+]}$，且50℃時的$K_w > 25℃$時的$K_w$。

(A) $[OH^-]$：$a = b < c$

(B) pK_w：$a = b > c$

(C) $\dfrac{[H^+]}{[OH^-]}$：$a = b > c$

(D) 因為醋酸為弱酸，鹽酸為強酸，欲達到相同pH值，則弱酸的濃度要比強酸濃度大，所以酸濃度：$a > b = c$

(E) 加水稀釋為10倍體積，強酸溶液的pH值會增加1，但弱酸溶液pH值的改變量並不為1，所以pH值：$a \neq b = c$

有關酸鹼滴定詳細內容，於下一章討論。

本章學習重點

1. 水為弱電解質，僅極小部分解離成氫離子和氫氧根離子，純水僅有極微之導電性。其解離反應為：$H_2O_{(l)} \rightleftharpoons H^+_{(aq)} + OH^-_{(aq)}$

2. 溶液中，$[H^+] = [OH^-]$稱中性，$[H^+] > [OH^-]$稱酸性，$[H^+] < [OH^-]$稱鹼性。

3. 為方便記錄，科學家常以pH值表示$[H^+]$，即$pH = -\log[H^+]$。當$[H^+] = a \times 10^{-b}$ M時，$pH = b - \log a$，若知pH值時，亦可換算出$[H^+]$。

4. 強酸、強鹼溶於水，通常視為完全解離。通常水中的$[H^+]$或$[OH^-]$考慮酸或鹼提供的即可。

5. 單元弱酸（鹼）之解離常數：$[H^+]$通常僅需由K_a決定。$[H^+] = \sqrt{C_0 \cdot K_a}$ $\left(\dfrac{[H^+]}{C_0} < 3\%\right)$；若改為單元弱鹼（BOH），則公式改為：

   $$[OH^-] = \sqrt{C_0 K_b} \quad \left(\dfrac{[OH^-]}{C_0} < 3\%\right)$$

6. 多元弱酸（鹼）之解離常數：$[H^+]$來源通常僅需考慮K_{a1}，結論的公式與第5點的K_a一樣。

學習上應注意事項與容易犯下的錯誤

1. pH = 7為中性、pH > 7為鹼性、pH < 7為酸性,係在25℃時才有的狀況,溫度高解離度變大,中性的pH < 7。

2. 弱酸因解離度低,在水溶液當中的離子在平衡時會有固定的濃度值。

3. K_a的特性:

   (1) 定溫下為定值,與濃度無關。

   (2) K_a愈大,同濃度下所產生$[H^+]$愈多,酸性愈強。

   (3) 弱酸濃度愈稀,$[H^+]$愈小,游離度愈大。

4. 多元弱酸(鹼)的解離常數,弱酸濃度愈稀,$[H^+]$愈小,游離度愈大。

5. 解離常數是否可忽略須視K_a或K_b大小而定,假設常數極小,$X \ll C_0$,$\therefore C_0 - X \fallingdotseq C_0$。

6. 酸鹼中和是要以H^+與OH^-兩者的mole數,並非酸與鹼的mole數。

第四章 酸鹼滴定

本章導讀

其實酸與鹼如果在一起,會跑出許多不同的新產物。

「滴定」無非是重要實驗手法之一,在很多的物質分析上面都可以看得到滴定的存在。

至於它到底是在滴什麼?讓我們一起來滴滴滴滴滴……。

本章學習概念指引

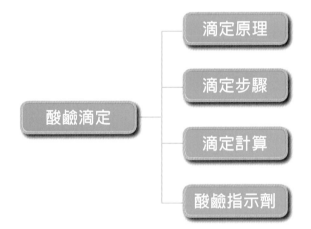

酸鹼滴定 ── 滴定原理

滴定步驟

滴定計算

酸鹼指示劑

酸鹼滴定利用的原理是酸鹼中和反應。

「中和？我還永和啦。」「為什麼不是三重還是板橋？」同學們故意七嘴八舌地開玩笑，直到蘇老師走進教室，大家才安靜下來，但是同學們的交談老師都聽見了。

「『中和』的意思，其實有『兩個極端取其中』的涵義。大家想想看，一個酸、一個鹼，兩相反應之後，酸的沒那麼酸了、鹼的也沒那麼鹼了，甚至變得不酸不鹼。」蘇老師本來想喝一口水，但是看見大家都相當認真聽講，就趕緊繼續說道：「各位同學還可以告訴我，酸鹼中和反應會伴隨什麼現象嗎？」

「會產生熱！」

「會產生水！」

「還會產生鹽類化合物！」

「很好，大家都回答的對極了！」老師滿意的直點頭。

1 酸鹼滴定

一、酸鹼反應

1. 定義

當溶液中同時加入酸鹼時，因$[H^+][OH^-] > K_w$，處於非平衡狀態；故此時應將物質視為完全反應再由電離之方向推平衡濃度。

2. 計量單位

(1) 克當量

定義：提供1 mol H^+之酸重，可稱為酸之克當量；提供1 mol OH^-

第四章　酸鹼滴定

67

之鹼重，科稱爲鹼之克當量。

$$克當量 = \frac{分子量（式量）}{每分子提供之 H^+（或 OH^-）之個數} = \frac{M}{v}$$

(2) 克當量數

① 定義：酸所提供之H^+總mole或鹼所提供之OH^-總mole

② 當量濃度（N）：每升水溶液中所含之酸或鹼的克當量數

③ 克當量數 $= \dfrac{酸（鹼）重量}{克當量}$

$$= \frac{酸（鹼）重量}{分子量（式量）} \times 每分子提供之H^+（或OH^-）個數$$

$$= N \cdot v$$

二、酸鹼滴定

1. 名詞介紹：

(1) 滴定：將一標定過的標準溶液，滴加於一物至完全作用後，由所需的標準溶液量來決定此物量的過程。

(2) 當量點：當酸克當量數＝鹼克當量數時，稱之達當量點。

(3) 滴定曲線：以溶液pH值爲縱軸，標準溶液量爲橫軸，繪出之圖形。

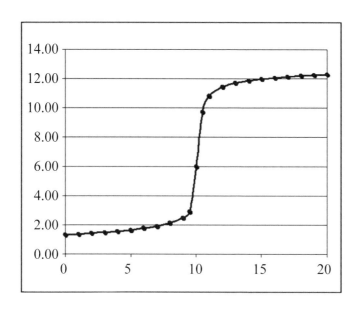

(4) 指示劑：為一種弱的有機酸或有機鹼，在不同pH值，會有不同顏色。

(5) 滴定終點：滴定至指示劑變色的瞬間。

(6) 中性點：滴定至pH = 7的瞬間。

	定義	重點
當量點	酸與鹼的當量數相等 H^+ 與 OH^- 莫耳數相等	1. 達當量點，酸與鹼的莫耳數不一定相等 2. 達當量點，溶液未必成中性 強酸 - 強鹼滴定——中性 強酸 - 弱鹼滴定——酸性 弱酸 - 強鹼滴定——鹼性
滴定終點	指示劑變色點	滴定終點與當量點不一定相同，但若選擇接近當量的的指示劑時，則滴定終點略等於當量點
中和點	25℃時，溶液成中性（pH=7）時	強酸 - 強鹼滴定時，當量點恰好等於中性點

2. 應用：

(1) 原則：藉指示劑變色求出達當量點所需要標準溶液量，以推未知量。

(2) 方法：$N_A V_A = N_B V_B$ ⇒ 酸之克當量數 = 鹼之克當量數

⇒ 酸所提供之H^+mol = 鹼所提供之OH^-mol

重要觀念建立 4-1-1

下列敘述何者正確？

(A) 不管強酸和強鹼為何，強酸、強鹼中和產生1莫耳水所釋出的熱量相同

(B) 任何酸鹼中和反應，只包括H^+和OH^-結合成H_2O

(C) 任何酸鹼中和的當量點皆在pH = 7

(D) 任何酸鹼中和達終點時，所得的溶液pH = 7

解析

答案 A

本題主要是要測驗同學對於酸鹼中和的概念是否清楚。

(A) 酸鹼中和為放熱反應，其淨離子方程式：$H^+ + OH^- \rightarrow H_2O$ 皆放出 1 mol的水之熱量。

(B) 此選相說明的是「淨離子方程式」，而全部反應式為：酸 + 鹼 → 鹽 + 水。

(C)、(D)此選項為強酸鹼滴定的說明，但未考慮弱酸鹼的問題。

多數弱酸鹼滴定的水溶液酸鹼值，需考慮所生成之鹽類水解厚的酸鹼值。

在滴定過程：

(1) 末滴定之前：僅弱酸或弱鹼本身的解離。

(2) 恰達當量點：溶液中只剩鹽類，故此時溶液的酸鹼性由鹽類的水解決定。

(3) 過當量點：酸鹼性改變。

重要觀念建立 4-1-2

以HCl溶液（0.10 M）滴定25毫升NaHCO$_3$溶液（0.10 M），下列何圖最能代表其滴定曲線？（橫軸爲添加HCl溶液之毫升數）

(A) 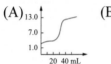　(B) 　(C) 　(D)

解析

答案 D

本題題型爲：強酸滴定弱鹼

$HCl + NaHCO_3 \rightarrow NaCl + CO_2 + H_2O$

故起始的pH在9附近，達當量點時溶液爲弱酸性。

重要觀念建立 4-1-3

有關水溶液中的酸鹼中和反應，下列敘述何項正確？

(A) 酸與鹼中和，生成鹽與水

(B) 酸鹼中和時，水溫必會升高

(C) 酸鹼中和反應時，酸與鹼的莫耳數必相等才能完全中和

(D) 醋酸與氫氧化鈉中和反應的離子反應式可寫爲$H^+_{(aq)} + OH^-_{(aq)} \rightarrow H_2O_{(l)}$

(E) 鹽酸與氫氧化鉀中和的離子反應式可用$H^+_{(aq)} + OH^-_{(aq)} \rightarrow H_2O_{(l)}$表示

答案 ABE

(A) 酸、鹼在水溶液中各自解離出H^+與OH^-，兩者中和產生水；解離自酸的陰離子和解離自鹼的陽離子共存於水溶液中，即為鹽類的水溶液，加熱蒸乾水分後可得此鹽類。

(B) H^+與OH^-，兩者中和時形成共價鍵，為放熱反應，會使水溶液的溫度升高。

(C) 酸完全解離所能提供的H^+莫耳數 = 鹼完全解離所能提供的OH^-莫耳數，兩者即能恰好完全中和，但酸、鹼的莫耳數未必相等，例如：H_2SO_4與NaOH完全中和所需的莫耳數比為1：2。

(D) 氫氧化鈉為強鹼，在水中呈100%解離的狀態，醋酸則為弱酸，單獨存在水中時僅有部分解離。醋酸與氫氧化鈉中和反應的離子反應式為 $CH_3COOH + Na^+ + OH^- \rightarrow CH_3COO^- + Na^+ + H_2O$，消掉反應式兩邊都有的$Na^+$，即得$CH_3COOH + OH^- \rightarrow CH_3COO^- + H_2O$。

(E) 鹽酸為強酸，氫氧化鉀為強鹼，兩者在水中均呈100%解離的狀態。醋酸與氫氧化鈉中和反應的離子反應式為$H^+ + Cl^- + K^+ + OH \rightarrow Cl^- + K^+ + H_2O$。

消掉反應式兩邊都有的Cl^-、K^+，即得$H^+ + OH^- \rightarrow H_2O$。

重要觀念建立 4-1-4

下列有關中和1 M H_2SO_4 100毫升的敘述，何者正確？（式量：NaOH = 40，$Ba(OH)_2$ = 171）

(A) 需要4克$NaOH_{(s)}$

(B) 需要50% NaOH$_{(aq)}$ 16克

(C) 需要34.2克Ba(OH)$_{2(s)}$

(D) 需要0.5 M Ba(OH)$_{2(aq)}$ 200毫升

(E) 需要9克二元鹼，則此鹼的式量為90

解析

答案 BDE

1 M H$_2$SO$_4$ 100毫升含有H$^+$的莫耳數為1 × 0.1 × 2 = 0.2（莫耳），若鹼提供的OH$^-$莫耳數為0.2莫耳，即可中和。

(A) 4克NaOH可提供OH$^-$的莫耳數 = $\dfrac{4}{40}$ = 0.1（莫耳）⇒ 不能中和。

(B) 0.5 × 16 = 8（克），所以50%的NaOH 16克含有NaOH 8克

即n$_{OH}^-$ = $\dfrac{8}{40}$ = 0.2（莫耳）⇒ 可中和。

(C) $\dfrac{34.2}{171}$ = 0.2（莫耳）⇒ 34.2克Ba(OH)$_2$含有Ba(OH)$_2$ 0.2莫耳

⇒ n$_{OH}^-$ = 0.2 × 2 = 0.4（莫耳）⇒ 不能中和。

(D) 0.5 M Ba(OH)$_2$ 200毫升含OH$^-$的莫耳數 = 0.5 × 0.2 × 2 = 0.2（莫耳）⇒ 可中和。

(E) 9克二元鹼可提供OH$^-$的莫耳數 = $\dfrac{9}{\frac{90}{2}}$ = 0.2（莫耳）⇒ 可中和。

「老師，我們怎麼知道何時到達滴定終點了呢？」小李發問。

「指示劑變色，就是到達滴定終點了啊。」

「那我們是使用哪一種指示劑呢？」

蘇老師扶了扶眼鏡，慢條斯理地說道：「我們常用『石蕊』、『酚

酞』、『甲基橙』、『甲基紅』、『茜素黃』等的指示劑，不過，顏色要記清楚，也要明瞭它們的變色範圍才行喔。」

「啊⋯⋯變色了變色了！好漂亮的顏色！」

在旁邊的阿周都不說話，細心的蘇老師發現了，輕輕地拍了一下阿周肩膀，「你怎麼了？」

阿周皺著眉頭，「⋯⋯嗯⋯⋯，老師，其實我⋯⋯我是色盲患者，⋯⋯坦白說我分不清楚顏色⋯⋯，怎麼辦？」阿周說話的聲音居然含有哭聲。

「沒關係！」蘇老師慈祥地說，「現在已經有電子數位式的酸鹼指示計，酸鹼值多少都會有數字表示，放心啦！」

在一旁聽見兩人交談的琪琪，點了點頭心裡暗想：「果然科技始終來自於人性！」

② 酸鹼指示劑

原則上，指示劑變色所需之劑量要與達當量點所需量接近。

如：

1. 強鹼弱酸滴定，選用鹼性範圍指示劑。
2. 強酸弱鹼滴定，選用酸性範圍指示劑。
3. 強酸強鹼滴定，無限制。

名稱	pH 變色範圍	酸性色	鹼性色	用途	達滴定終點後
橙 IV	1.3 ～ 3.2	紅	黃	(1) 強酸 + 弱鹼 (2) 強酸 + 強鹼	溶液呈現弱酸性
甲基橙	3.2 ～ 4.4	紅	黃		
甲基紅	4.2 ～ 6.2	紅	黃		
石蕊	4.5 ～ 8.0	紅	藍	強酸 + 強鹼	溶液呈現偏中性
酚酞	8.0 ～ 10.0	無	紅	(1) 弱酸 + 強鹼 (2) 強酸 + 強鹼	溶液呈現偏中性
茜素黃 R	10.1 ～ 12.0	黃	紅		溶液呈現弱鹼性

重要觀念建立 4-2-1

附圖為某酸與鹼的滴定曲線圖，下列哪些物質可以作為該反應的指示劑？

(A) 甲基紫（0～1.6）

(B) 甲基橙（3.2～4.4）

(C) 甲基紅（4.2～6.3）

(D) 溴瑞香草酚藍（6～7.6）

(E) 酚酞（8.2～10）

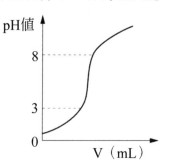

解析

答案BCD

本題依照滴定曲線判斷應鹼滴定酸，其變色範圍介於3～8之間，故選擇指示劑要屬於這範圍間。

一、強酸強鹼滴定

　　1. 強酸過量相當於加強酸於水中

$$\frac{H^+剩下\ mol}{溶液體積} = \frac{N_A V_A - N_B V_B}{V_A + V_B}$$

　　2. 強鹼過量相當於加強鹼於水中

$$\frac{OH^-剩下\ mol}{溶液體積} = \frac{N_B V_B - N_A V_A}{V_A + V_B}$$

　　3. 達當量點相當於水中無酸鹼

$$強酸之克當量數 = 強鹼之克當量數$$

二、弱酸被強鹼滴定或弱鹼被強酸滴定

　　以弱酸（HA）被強鹼（NaOH）滴定

　　1. 弱酸過量

　　　反應後的物質有HA及A^- → 緩衝溶液

　　　OH^-加入mol = HA消耗mol = A^-生成mol

$$K_A = \frac{[H^+][A^-]}{[HA]} = \frac{A^-\ mol}{HA\ mol}$$

$$[H^+] = \frac{N_B V_B}{N_A V_A - N_B V_B}[H^+]$$

2. 強鹼過量

反應後的物質有OH⁻及A⁻混合鹼

$$[OH^-] = \frac{N_B V_B - N_A V_A}{V_A + V_B}$$

3. 達當量點相當於溶液中加入弱酸鹽

弱酸克當量數 = 強鹼克當量數

重要觀念建立 4-3-1

取某雙質子酸2.44克溶於水配成250 mL溶液，取出此溶液25 mL 以0.10 N之NaOH滴定，而NaOH 40 mL，則該雙質子酸之分子量 為？

(A) 122　(B) 61　(C) 610　(D) 305

解析

答案 A

本題題目主要試測驗學生的計算能力，並注意其酸鹼為單質子、雙質子 或三質子酸。

達當量點時 $\dfrac{W}{E} = N \times V$（W：質量；N：當量數）

$\dfrac{2.44}{E} \times \dfrac{25}{250} = 0.1 \times 40 \times 10^{-3}$

∴ $E = 61$，二元酸 $M = 61 \times 2 = 122$

重要觀念建立 4-3-2

小琪在實驗室發現了一瓶許久未用的醋酸溶液，為了測知該醋酸溶液之濃度，於是取出該醋酸溶液5克置於錐形瓶中並加水稀釋成100毫升，在錐形瓶中加入酚酞後，以0.1 M Ba(OH)$_2$溶液滴定，耗去Ba(OH)$_2$溶液20毫升時恰完全反應。此醋酸溶液之重量百分率濃度為多少？

(A) 1.2　　(B) 2.4　　(C) 4.8　　(D) 6%

解析

答案 C

要了解其滴定的涵義

先假設CH$_3$COOH的重量百分率為x%

由$n_{H^+} = n_{OH^-}$

$$\frac{5 \times \frac{x}{100}}{60} \times 1 = 0.1 \times 0.02 \times 2$$

x = 4.8

重要觀念建立 4-3-3

用標準鹽酸滴定未知濃度的氫氧化鈉溶液，下列操作會影響測定準確性的是：

(A) 酸式滴定管用水洗滌後，未用標準鹽酸潤洗

(B) 盛氫氧化鈉溶液的錐形瓶用蒸餾水洗滌後，再用氫氧化鈉溶

　　　液潤洗
(C) 搖動時，將液體濺至錐形瓶外
(D) 滴定時，不用酚酞指示劑，改用甲基橙作指示劑
(E) 在盛放氫氧化鈉溶液的錐形瓶內添加少量蒸餾水

解 析

答案 ABC

本題是測驗學生關於滴定實驗的概念，實驗中的小細節有可能會影響實驗結果喔！

(A) 滴定管內若留有蒸餾水滴，會影響HCl的濃度，故應先用HCl溶液潤洗滴定管。
　　➤潤洗是非常重要的一個步驟，通常是用滴定物去潤洗整之滴定管。

(B) 錐形瓶只能用蒸餾水清洗，若用$NaOH_{(aq)}$清洗，則NaOH的莫耳數會比實際的量稍微增加。

(C) 若將液體濺至錐形瓶外，則NaOH的量會減少。
　　➤滴定過程中要小心液體濺出，除了安全性之外也會影響滴定結果。

(D) 強酸滴定強鹼時，一般選用酚酞作為指示劑，亦可選用甲基橙、甲基紅、溴瑞香草藍等作指示劑。

(E) 在錐形瓶內加入少量蒸餾水，並不會影響NaOH的量。

本章學習重點

1. 當溶液中同時加入酸鹼時，因$[H^+][OH^-] > K_w$，處於非平衡狀態，故此時應將物質視為完全反應再由電離之方向推平衡濃度，此稱酸鹼反應。

2. 克當量定義：提供$1\ mol\ H^+$之酸重，可稱為酸之克當量；提供$1\ mol\ OH^-$之鹼重，稱為鹼之克當量。

3. 克當量數定義：酸所提供之H^+總mol或鹼所提供之OH^-總mol。

4. 當量濃度（N）：每升水溶液中所含之酸或鹼的克當量數。

5. 滴定：將一標定過的標準溶液，滴加於一物至完全作用後，由所需的標準溶液量來決定此物量的過程。

6. 當酸克當量數=鹼克當量數時，稱之達「當量點」。

7. 滴定至指示劑變色的瞬間稱達「滴定終點」。滴定至pH = 7的瞬間稱達「中性點」。

學習上應注意事項與容易犯下的錯誤

1. 指示劑變色所需之劑量要與達當量點所需量接近。例如：

   (1) 強鹼弱酸滴定，選用鹼性範圍指示劑。

   (2) 強酸弱鹼滴定，選用酸性範圍指示劑。

   (3) 強酸強鹼滴定，無限制。

2. 滴定實驗應注意酸鹼對象，如強酸與強鹼或弱酸與弱鹼。

3. 實驗小細節要特別注意：

   (1) 滴定管內若留有蒸餾水滴，應先用溶液潤洗滴定管。潤洗是非常重要的步驟，通常是用滴定物去潤洗整支滴定管。

   (2) 錐形瓶只能用蒸餾水清洗，若用溶液清洗，則溶液中溶質的莫耳數會比實際的量稍微增加。

   (3) 滴定過程中要小心液體濺出，除了安全性之外也會影響滴定結果。

   (4) 強酸滴定強鹼時，一般選用酚酞作為指示劑，亦可選用甲基橙、甲基紅、溴瑞香草藍等作指示劑。

   (5) 在錐形瓶內加入少量蒸餾水，並不會影響溶液的量。

第五章　鹽類的種類及特性

本章導讀

我是酸與鹼在一起之後的產物，猜猜我是誰？

我也不知道，這要看看到底是哪個酸哪個鹼結合生出了我。

想要了解我的話，

那就跟我一起來讀讀這章囉！

學習概念圖

鹽

鹽的形成
- 酸鹼中和
- 活潑金屬與酸反應
- 碳酸鹽類與酸的反應
- 鹽與鹽的反應

鹽的分類
- 依化學式
  - 正鹽
  - 酸式鹽
  - 鹼式鹽
  - 複鹽
  - 錯鹽
- 依水解後溶液酸鹼性
  - 中性鹽
  - 鹼性鹽
  - 酸性鹽

鹽的水解 — 水解常數 K_h 計算

知道了酸鹼，那什麼是鹽？

阿周與小李一直在抱怨早餐店的漢堡加了太多鹽，害他們即使喝了許多水，仍不斷地感覺口渴。

「鹽不只是『氯化鈉』這一種而已喔，鹽還有很多種。」琪琪經過阿周與小李旁邊，聽見他們在討論，於是插嘴回應。阿周不知為何低下頭。

「妳那麼厲害，那妳還知道哪些鹽？」小李不甘示弱。

琪琪說道：「我知道的可多著呢，像豆腐裡面常添加的『硫酸鈣』，就是石膏；『碳酸鈣』，就是貝殼、石灰石的主要成分；『碳酸鈉』又稱為蘇打或洗滌鹼；『碳酸氫鈉』又稱為小蘇打或焙用鹼，加入自來水中消除餘氯的是『硫代硫酸鈉』，又稱為大蘇打或海波……，這些大為老師上課時都有提到，你們上課都沒專心聽喔！」

「凶巴巴的女生，難怪阿周你會被甩！」小李對阿周扮個鬼臉。

1　鹽類之形成與分類

一、鹽類的形成

鹽類的形成方式

1. 酸＋鹼 → 鹽＋水

例如：

鹽酸＋氫氧化鈉 → 氯化鈉（食鹽）＋水

$HCl + NaOH \rightarrow NaCl + H_2O$

硫酸＋氫氧化鐵 → 硫酸化鐵＋水

$$H_2SO_4 + Fe(OH)_3 \rightarrow Fe_2(SO_4)_3 + H_2O$$

2. 活性大金屬 + 酸 → 鹽 + 氫氣

例如：

鈉 + 鹽酸 → 氯化鈉 + 氫氣

$$Na + HCl \rightarrow NaCl + H_2$$

鎂 + 硫酸 → 硫酸鎂 + 氫氣

$$Mg + H_2SO_4 \rightarrow MgSO_4 + H_2$$

3. 碳酸鹽 + 酸 → 鹽 + 二氧化碳

例如：

碳酸鈣 + 鹽酸 → 氯化鈣 + 水 + 二氧化碳

$$CaCO_3 + HCl \rightarrow CaCl_2 + H_2O + CO_2$$

4. 鹽1 + 鹽2 → 鹽3 + 鹽4

例如：

碳酸鈉 + 氯化鈣 → 氯化鈉 + 碳酸鈣

$$Na_2CO_3 + CaCl_2 \rightarrow 2NaCl + CaCO_3$$

二、鹽類的分類

1. 根據組成的鹽類化學式中，是否含有H^+或OH^-離子，可分成：

(1) 正鹽：酸中所有可游離的氫完全被金屬元素獲相當的原子團（例如NH_4^+）所取代而成的化合物，稱之。

例如：

$NaClO_4$	過氯酸鈉
$NaClO_3$	氯酸鈉

$NaClO_2$	亞氯酸鈉
$NaClO$	次氯酸鈉
$NaCl$	氯化鈉
$Fe_2(SO_4)_3$	硫酸鐵（III）或硫酸鐵
$FeSO_4$	硫酸鐵（II）或硫酸亞鐵
NH_4NO_3	硝酸銨

(2) 酸式鹽[註1]：酸中一部分可游離的氫被金屬所取代而成的化合物，稱之。

例如：

$NaHCO_3$	碳酸氫鈉或酸式碳酸鈉
NH_4HSO_4	硫酸氫銨或酸式硫酸銨
NaH_2PO_4	磷酸二氫銨
Na_2HPO_4	硝酸氫二鈉

(3) 鹼式鹽：鹽中仍留有一部分的氫氧根，稱之。

例如：

$Bi(OH)(NO_3)_2$	硝酸氫氧鉍
$Bi(OH)_2NO_3$	硝酸二氫氧鉍

（註1）酸式鹽的酸鹼性：

高中化學有介紹的酸式鹽（Na 鹽）共 8 種

其中 $\begin{cases} HS^-、HCO_3^-、HPO_4^{2-} \text{ 的 Na 鹽} \rightarrow \text{鹼性} \\ HSO_4^-、HSO_3^-、HC_2O_4^-、H_2PO_4^-、H_2PO_3^- \text{ 的 Na 鹽} \rightarrow \text{酸性} \end{cases}$

(4) 複鹽：二種以上的鹽結合而成的複合物，在溶液中仍能游離其為成分鹽的組成離子，稱之。
例如：

Fe(NH$_4$)$_2$(SO$_4$)$_2$　　　　　　　硫酸鐵（II）銨或硫酸亞鐵銨

NaKCO$_3$　　　　　　　　　　　碳酸鉀鈉

(5) 錯鹽：含有錯離子的鹽。
例如：

K$_3$Fe(CN)$_6$　　　　　　　　　　鐵氰化鉀

2. 根據組成的鹽類水解後，依據溶液酸鹼性可分成：
(1) 中性鹽：利用強酸＋強鹼所形成之鹽
強鹼鹼根與強酸酸根無法水解而成中性
強鹼鹼根：IA、IIA族除了Li、Be、Mg之外之氫氧化物
強酸酸根：ClO$_4^-$、NO$_3^-$、Cl$^-$、Br$^-$、I$^-$、SO$_4^{2-}$

(2) 酸性鹽：利用強酸＋弱鹼所形成之鹽
弱鹼鹼根會使水溶液成酸性，弱鹼鹼根為電荷密度較大之陽離子。

(3) 鹼性鹽：利用弱酸＋強鹼所形成之鹽
弱酸酸根會使水溶液成鹼性，例如：HCO$_3^-$、CH$_3$COO$^-$、HS$^-$、HSO$_4^-$、HSO$_3^-$。

將酸鹼性鹽簡易製表如下：

	強酸根	弱酸根
強鹼根	中性鹽	鹼性鹽
弱鹼根	酸性鹽	未知性鹽 比較 { 弱酸酸根 / 弱鹼鹼根 } 水解常數（K_h）

重要觀念建立 5-1-1

下列有關酸鹼鹽的敘述中，錯誤的是：

(A) 酸根中可能含氧元素

(B) 正鹽中一定不含氫元素

(C) 鹼中一定含有氫元素和氧元素

(D) 酸式鹽中一定含有氫元素

解析

答案 B

酸鹼反應中，酸中可游離的氫被金屬離子或離子團所取代化合物，總稱為鹽。

在鹽類分類上有五大種：

(1) 正鹽：酸中可游離之H^+完全被金屬元素或原子團取代。

(2) 酸式鹽：鹽中仍含有可解離之H^+。

(3) 鹼式鹽：鹽中仍含有可解離之OH^-。

(4) 複鹽：兩種以上的鹽結合而成的複合物，在溶液中仍解離成其成分鹽的離子者。

(5) 錯鹽：含有錯離子的鹽。

本題：

(A) 酸根如：ClO_4^-

(B) 如NH_4Cl為正鹽

(C) 仍有可解離之OH^-

(D) 仍有可解離之H^+

重要觀念建立 5-1-2

下列有關鹽類的性質，何者正確？

(A) 鹽類水溶液必為中性

(B) 鹽類水溶液必為電中性

(C) 鹽類必可溶於水

(D) 鹽類可由酸酐與鹼酐反應而得

(E) 鹽類可由酸鹼中和而得

解析

答案 BDE

本題主要是測試對於鹽類性質的了解程度，而多數的性質大致偏重於下列幾點：

(1) 鹽類水溶液的酸鹼值

(2) 鹽類水溶液的電性

(3) 對水的溶解度

(4) 同離子效應

依選項

(A)

	酸鹼性	
陽離子	來自強鹼，為弱共軛酸，不水解，	中性
	來自弱鹼，為強共軛酸，會水解，	酸性
陰離子	來自強酸，為弱共軛鹼，不水解，	中性
	來自弱酸，為強共軛鹼，會水解，	鹼性

(B) 溶液解離後必定電中性，陰陽離子總電荷數一定相同

此選項「必為」，多數學生在作答時會有疑慮，但是概念正確就可以答對了！

(D)、(E)酸鹼中和後的產物為鹽類

重要觀念建立 5-1-3

下列何者是酸性之酸式鹽？

(A) NH_4Cl　　(B) $NaHC_2O_4$　　(C) NaH_2PO_4　　(D) NaH_2PO_3

(E) $NaHCO_3$

解析

答案 ABD

本題主要的關鍵在於鹽類分類之酸鹼性,重點在於多數人會認為酸式鹽為酸性,鹼式鹽為鹼性,這樣的認知完全錯誤。

1. 酸式鹽:鹽中仍含有可解離之H^+
2. 鹼式鹽:鹽中仍含有可解離之OH^-

而酸鹼性需靠水解反應來判斷:

1. 陽離子:(1)強鹼解離之陽離子(Na^+)→ 中性陽離子
   (2)弱鹼解離之陽離子(NH_4^+)→ 酸性陽離子
2. 陰離子:(1)強酸解離之陰離子(Cl^-)→ 中性陰離子
   (2)弱酸解離之陰離子(CO_3^{2-})→ 鹼性陰離子
   (3)例外!HSO_4^-、HSO_3^-、$HC_2O_4^-$、$H_2PO_4^-$、$H_2PO_3^-$這五種為酸性

故選項中酸式鹽中,除$NaHCO_3$,$NaHS$,Na_2HPO_4為鹼性外,餘者皆為酸性。

　　阿周與小李皺著眉頭。他們一起研究鹽類已經好久了,發現鹽類比起酸與鹼,還複雜許多。小李忍不住站起來大叫:「什麼是正鹽?什麼是酸式鹽?鹼式鹽?還有複鹽、錯鹽……好複雜啊!」

　　冤家路窄,只見琪琪剛好路過,有點悻悻然,「鹽類的分類算得了什麼?你們在研究酸與鹼的時候應該都知道計算解離常數的複雜度吧?鹽類還有好複雜的水解常數的計算呢!」

　　「又是計算題!快瘋了……」阿周與小李抱頭。

　　「不要埋怨了,拿出一點男子氣概好嗎!請上課時專心聽講,並耐心

做練習，一定可以學得好的啦！」

　　望著琪琪離去的背影，小李喃喃自語：「好帥……」

　　「是好美……」阿周幽幽地說。

一、水解定義

　　某粒子與水作用而使水分解的現象。

二、出現時機

　　「經常」無其他酸鹼存在而鹽有「弱酸根」或「弱鹼根」存在時。

三、水解常數（K_h）

　　某一元弱酸HA，其酸根A^-的水解常數：

$$H_2O \rightleftharpoons H^+ + OH^- \qquad K_w$$

$$+) \quad A^- + H^+ \rightleftharpoons HA \qquad \frac{1}{K_a}$$

$$A^- + H_2O \rightleftharpoons HA + OH^- \qquad K_h = \frac{K_w}{K_a} 可視為 K_b，其 [OH^-] = \sqrt{[A^-]\frac{K_w}{K_a}}$$

　　某一元弱鹼（BOH）亦同上法，$K_h = \dfrac{K_w}{K_b}$ 可視為 K_a [註2]，其

（註2）弱酸 K_a 與其共軛鹼 K_b（K_h）乘積為 K_w。

$$[H^+] = \sqrt{[B^+]\frac{K_W}{K_b}}$$

四、強酸根或強鹼根不水解呈中性

重要觀念建立 5-2-1

下列四種鹽類的0.1 M水溶液，(1) KNO$_3$；(2) NH$_4$Cl；
(3) NaHSO$_4$；(4) Na$_2$CO$_3$，其pH值由低而高的順序為：
(A) (4) < (1) < (3) < (2)
(B) (1) < (2) < (4) < (3)
(C) (3) < (2) < (1) < (4)
(D) (2) < (3) < (4) < (1)

解析

答案 C

本題要測驗對於鹽類的酸鹼性與pH值的轉換，依酸鹼性來排序pH值。

(1) 中性（K$^+$與NO$_3^-$為不水解離子）

(2) NH$_4^+$ → NH$_3$ + H$^+$，K$_a$ = $\dfrac{K_w}{K_b}$ ≒ $\dfrac{10^{-14}}{10^{-5}}$ ≒ 10^{-9}

  ∴弱酸性（NH$_4^+$為酸性陽離子；Cl$^-$為中性陰離子）

(3) HSO$_4^-$ → SO$_4^{2-}$ + H$^+$，K$_{a2}$ ≒ 10^{-2}

  ∴酸性（HSO$_4^-$為酸性陰離子；Na$^+$為中性陽離子）

(4) 鹼性

重要觀念建立 5-2-2

25℃時，0.100 M的NH_4Cl溶液中$[H^+]$的濃度爲多少？（NH_3的K_b $= 1.8 \times 10^{-5}$）

(A) 1.34×10^{-3} M

(B) 7.5×10^{-12} M

(C) 7.5×10^{-6} M

(D) 1.3×10^{-9} M

解析

答案 C

本題為簡單之計算題，利用 $[H^+] = \sqrt{C_0 \times K_a}$；而本題提供$K_b$需要做轉換

$K_w = K_a \times K_b$

$$\therefore [H^+] = \sqrt{0.1 \times \frac{10-14}{1.8 \times 10-5}} \doteqdot 7.5 \times 10^{-6} \text{ M}$$

▲趣味線上講堂：象牙牙膏

本章學習重點

1. 鹽類的形成方式：
   (1) 酸＋鹼 → 鹽＋水
   (2) 活性大金屬＋酸 → 鹽＋氫氣
   (3) 碳酸鹽＋酸 → 鹽＋二氧化碳
   (4) 鹽1＋鹽2 → 鹽3＋鹽4

2. 在鹽類分類上，根據組成的鹽類化學式中，是否含有H^+或OH^-離子，有五大種：
   (1) 正鹽：酸中可游離之H^+完全被金屬元素或原子團取代。
   (2) 酸式鹽：鹽中仍含有可解離之H^+。
   (3) 鹼式鹽：鹽中仍含有可解離之OH^-。
   (4) 複鹽：兩種以上的鹽結合而成的複合物，在溶液中仍解離成其成分鹽的離子者。
   (5) 錯鹽：含有錯離子的鹽。

3. 根據組成的鹽類水解後，依據溶液酸鹼性也可分類成：
   (1) 中性鹽：利用強酸＋強鹼所形成之鹽。
   (2) 酸性鹽：利用強酸＋弱鹼所形成之鹽。
   (3) 鹼性鹽：利用弱酸＋強鹼所形成之鹽。

4. 水解定義，即某粒子與水作用而使水分解的現象。而鹽類可以水解。

學習上應注意事項與容易犯下的錯誤

1. HS^-、HCO_3^-、HPO_4^{2-} 的 Na 鹽為鹼性，另外 HSO_4^-、HSO_3^-、$HC_2O_4^-$、$H_2PO_4^-$、$H_2PO_3^-$ 的 Na 鹽為酸性。

2. 多數學生會認為酸式鹽為酸性，鹼式鹽為鹼性，這樣的認知完全錯誤：

   (1) 酸式鹽：鹽中仍含有可解離之 H^+。

   (2) 鹼式鹽：鹽中仍含有可解離之 OH^-。

3. 水解後的陰離子其中 HSO_4^-、HSO_3^-、$HC_2O_4^-$、$H_2PO_4^-$、$H_2PO_3^-$ 這五種為酸性。

4. 弱酸 K_a 與其共軛鹼 K_b（K_h）乘積為 K_w。

附錄一 電解質的應用

本章導讀

科技始終來自於人性,科學一定要能運用在生活中,才有意義!「電解質」是人類生活中不可或缺的物質,在此讓我們一起來了解:「電解質」如何深入我們的生活!

學習概念圖

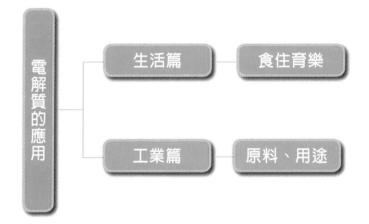

電解質的應用 —— 生活篇 —— 食住育樂

電解質的應用 —— 工業篇 —— 原料、用途

這次連續假期，爲了期末的化學報告，琪琪與小李去了一趟臺南七股，去探索那裏的潟湖、鹽田等特殊環境，回來時兩個人眉來眼去、若有似無的情意，看在阿周的眼裡，相當不是滋味。

「可惡！要不是家裡的雜貨店盤點需要人手幫忙，我就可以跟他們去臺南了。」阿周拿了一瓶醋，加到準備要吃的牛肉麵裡，加著加著，一恍神，居然加到整碗麵的湯汁都溢了出來。

「阿周！」蘇老師看見了，立刻喊了阿周一下，阿周此時才回神，尷尬地趕快拿抹布擦拭，臉脹得通紅。蘇老師看在眼裡，搖了搖頭苦笑了一下，少年情懷總是詩，每個人的成長過程不都是充滿了酸甜苦辣。等到有一天長大了，再回想年輕時的荒唐事，就會覺得當初的自己傻到可以！

因爲阿周的失神，整間教室都充滿了酸醋味，「拜託，阿周你在幹嘛啦，臭死了！」、「阿周你很愛吃醋喔！」、「阿周你的醋眞酸啊！」、「阿周你牛肉麵的牛是不是被酸死的？」、「阿周你……」，同學們你一言我一語的，讓阿周羞愧難當，恨不得有地洞可以立刻鑽下去！

「好了！各位同學！」蘇老師趕緊打圓場緩和氣氛，「你們知道醋酸是電解質吧。」

同學們你看我、我看你，不約而同點了點頭，不知道老師準備要說什麼。

蘇老師看見大家都停止討論，於是接著說，「那大家知道電解質在日常生活中是不可或缺的重要物質嗎？」

小李舉手：「知道啊，就像醋可以使牛肉麵更好吃！」全班哄堂大笑！

　　「只知道吃！」阿周惡狠狠地瞪著小李。此時，不知道是誰忽然迸出一句：「有人看見自己喜歡的人愛上別人，就會藉『醋』澆愁喔！」

① 「生活」上的電解質應用

　　人的生活需求基本上都脫離不了電解質的需求，今天就藉由「食」、「住」、「育」、「樂」四大方向來跟大家說明我們生活中常見的電解質。

一、食事：氯化鈉

　　食用歷史最悠久的調味料就是食鹽（NaCl），最早在公元前6000年的新石器時代，前庫庫泰尼文化的人會使用陶器煮沸含鹽的泉水，以提取其中的鹽。如今在世界的鹽產來源中，岩鹽占41%、地下滷水及鹽湖占29%、海鹽占26%。其中海水和石鹽是最主要的兩個來源。

　　食鹽的鹹味是人類能感知的基本味道之一。常常裝在餐桌上的鹽瓶中供食客調味，同時還是很多加工食品的添加物質之一。國人攝取的鹽中約有75%來自加工食品，11%來自家庭烹飪和調味，其餘則是食物中天然存在的鈉元素。

▲ 鹽沼內的天然鹽坨

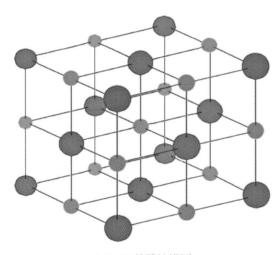

▲ NaCl 晶體結構圖

　　鈉離子是一種在人體中有重要作用的電解質，為神經和肌肉正常活動所需，還能維持體內的滲透壓，但並不是攝取愈多就愈好，醫學研究證實，若攝取過多鈉離子，容易造成心血管疾病。

　　市售食鹽的成分並不只有氯化鈉，像臺灣賣的臺鹽就有加入碘酸鉀，還有加入氟化物的食鹽，或是將部分氯化鈉以氯化鉀取代的低鈉鹽，以下就一一說明其功效。

　　為何要將含碘離子的電解質混入其中呢？碘缺乏可能導致甲狀腺機能低下症（甲狀腺分泌的甲狀腺素不足），或令成人出現甲狀腺腫、兒童出現克汀病（一歲時，身高的增長明顯不足。若沒有治療，長大成人後，身高只會有1至1.06公尺的高度。骨齡和青春期會嚴重延遲，如果神經損害輕微的話，肌力和身體的協調性會變差；如果病情嚴重的話，會導致無法站立或行走。

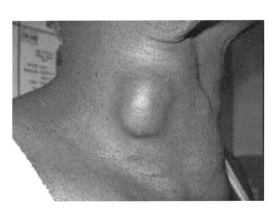
▲甲狀腺腫大

▲克汀病

　　那加入氟化物的食鹽，又有什麼效果呢？缺氟可導致齲齒發病率大幅增加。食鹽中添加氟化物可減少蛀牙的發生，某些國家會在牙膏加氟和飲水加氟，例如法國有35%的市售食鹽添加了氟化鈉。

低鈉鹽顧名思義就是以其他離子取代鈉離子，以減少鈉鹽的攝取，在中長期的醫學研究中能有效降低高血壓患者的血壓，但並不是所有人都適合食用低鈉鹽，腎臟病或排尿功能障礙（例如尿毒症）的患者，不可以吃低鈉鹽，因為低鈉鹽是以鉀取代鈉，鉀不能有效排出體外，堆積在體內會造成高血鉀，容易造成心律不整，心腦衰竭的危險。

▲一般的含碘精鹽

▲含氟精鹽

二、住事：鈣鹽

　　在亞洲華人區域「有土斯有財」是深植人心的概念，所以擁有一間可以「住」的房子是生活所需。那建造房子又跟電解質有什麼關係呢？

　　水泥是建材中很重要的元素，源頭可追溯到古羅馬時代。古羅馬人會把石灰和火山灰混合成建築原料，而石灰就是我們常見的電解質原料之一。

石灰石（CaCO₃），經由高溫加熱使其分解成氧化鈣與二氧化碳，將二氧化碳排出，就可製成石灰（CaO），反應式如下：

$$CaCO_3 \rightarrow CaO + CO_2$$

先介紹碳酸鈣這個電解質，碳酸鈣在地球上的存量豐富，並以許多形式存在於岩石、礦物與生物體內，例如：霰石、方解石、白堊、石灰岩、大理石、石灰華，亦為動物骨骼或外殼的主要成分。通常藉由水中的鈣離子與碳酸根離子結合所生成，時常發生在水質硬度較高的地區。

▲水泥

▲碳酸鈣原礦（方解石）

工業用碳酸鈣主要來自礦場或採石場，工人用機械直接粉碎天然的方解石、石灰石、貝殼等而製得。

這些比較粗糙的石灰通常用在農業，當作鹼性肥料調理土地，或是用來當作塑料、橡膠、塗料、矽酮膠等物品的填料，可以降低生產成本。

而純度較高的碳酸鈣（用於食品或醫藥產業者）可由較純粹的礦物來源（如大理石）提取而得。這些原料可以用來製作玻璃，或是在醫療上用作抗酸藥，以及能中和胃酸的鈣片。

　　在學校的課程內也有石灰的應用，我們將生石灰溶入水中待其澄清，反應式如下：

$$CaO + H_2O \rightarrow Ca(OH)_2$$

　　澄清的石灰水（$Ca(OH)_2$），我們常用來檢驗有無二氧化碳，石灰水在工廠裡是用於大量製作氫氧化鈉（$NaOH$）的原料。

$$Ca(OH)_2 + Na_2CO_3 \rightarrow CaCO_3 \downarrow + 2NaOH$$
$$Ca(OH)_2 + NaHCO_3 \rightarrow CaCO_3 \downarrow + NaOH + H_2O$$

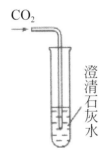

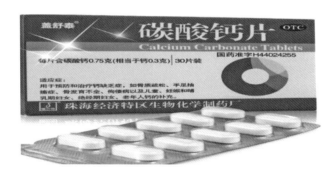

　　老師在講臺上教書，最常用到的消耗品就是粉筆。粉筆最早出現的記錄是在中世紀，人們發現石灰加水可以做成塊狀的物體，以類似木碳筆的方式，在深色或堅硬的表面用白色線條做記錄。當時粉筆的生產成本遠比

紙張低，而且沒有碳筆刻在木板或岩石上字體模糊的問題。

傳統粉筆的成分是硫酸鈣（$CaSO_4$），是一種白色沉澱物，不容易被分解，顆粒比粉塵大，質地輕，粉塵也多，清潔不易。

現在我們使用的大都是環保粉筆，現今環保粉筆多採用碳酸鈣（$CaCO_3$）製成，碳酸鈣是無毒物質，粉塵較少，可被人體正常代謝（常見之鈣片或沖泡食品內容物有添加碳酸鈣）。

上面已經介紹過碳酸鈣，所以這裡對硫酸鈣的應用做重點解說。硫酸鈣的生產大多從天然礦物中提取，有時也作為其他工業品的副產品。當然也可以在實驗室裡備製。

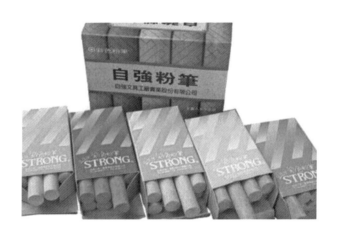

硫酸鈣的用途不止是製作粉筆，也可製成石膏，用於外科醫學上的固定、齒模和人造骨骼製作。食品級硫酸鈣，可作為食品添加物，用於從豆漿中析出豆腐、豆花。建材上可用於水泥緩凝劑、石膏建築製品。農業上可當作改良鹼性土壤的肥料，用於一般中性或酸性土壤，可以改善土壤結

構，供給鈣和硫成分。

$$Ca(OH)_2 + H_2SO_4 \rightarrow CaSO_4 + 2H_2O$$

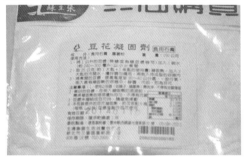

三、育樂事：有趣的鹽類應用與實驗

　　過新年，家人團聚，除了跟長輩領紅包之外，新年有個特別的娛樂，就是跟兄弟姊妹們一起放煙火。下面為大家介紹火藥中的電解質應用。

　　煙火於10世紀在中國發明，煙火的化學原理和爆竹大同小異，其結構都包含黑火藥和藥引。燃放煙火後，產生化學反應引發爆炸，爆炸過程中所釋放的能量，絕大部分轉化成光，呈現在我們眼中。製作煙火的過程中

加入一些發光劑和發色劑，就能使煙火放出五彩繽紛的顏色。

先從煙火的五光十色說起，這些發色劑是一些金屬化合物，當中含有金屬離子。這些金屬離子燃燒時，會釋放獨特的火焰顏色。不同種類的金屬化合物在燃燒時，會釋放出不同顏色的光芒，例如：氯化鈉和硫酸鈉都屬於鈉的化合物，燃燒時會發出金黃色火焰。

顏色表如下：

金屬離子	K^+	Na^+	Ca^{2+}	Mg^{2+}	Al^{3+}	Cu^{2+}	Ba^{2+}	Fe^{3+}	Sr^{2+}	Pb^{4+}
焰色	紫色	金色	磚紅色	白色	白色	藍綠色	蘋果綠色	金黃色	血紅色	藍色

接著來談談火藥的部分，黑火藥的主要成分是電解質硝酸鉀（KNO_3），按照化學計量「一硫二硝三木炭」的比例（質量硝酸鉀75%、硫磺10%、木炭15%）混合製成。反應式如下：

$$S + 2KNO_3 + 3C \rightarrow K_2S + N_2 + 3CO_2$$

黑火藥無論在密閉或是開放空間，只要有絲毫的火星均會爆炸。現代槍彈內的無煙火藥不具爆炸性，在開放的空間內引燃也不會爆炸，只會快速燃燒，因此無煙火藥不屬於炸藥。雖然黑火藥的威力不及現代的炸藥，仍然屬於爆炸性物品。硝酸鉀的作法有非常多種，早期是使用硝土製成：

　　硝土一般存在於廁所、豬、牛欄屋，庭院的老牆腳、崖邊、岩洞，以及不易被雨水沖洗的地面。硝土潮溼，不易晒乾，經太陽曝晒後略變紫紅色。好的硝土放在灼紅的木炭上會爆出火花。從硝土中提取硝酸鉀，主要原理是利用草木灰中的鉀離子取代硝土中的鈉離子，從而生成硝酸鉀。

　　草木灰裡的碳酸根離子、硫酸根離子跟硝土裡的鈣、鎂離子結合，生成難溶性的鹽而沉澱，從而去掉鈣、鎂等雜質。

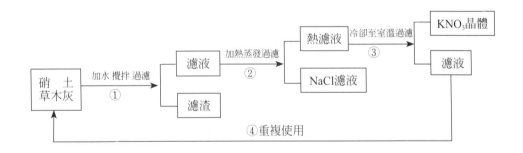

　　電解質的種類非常多，有趣且漂亮的實驗也非常多，下面為大家介紹幾樣實驗。

1. 化學花園

本實驗的原理是應用各種鹽類在水玻璃（$Na_2O \cdot xSiO_2$）裡頭的反應，在水玻璃加入金屬鹽晶體後，水玻璃與金屬離子反應，晶體表面形成一層矽酸鹽的薄膜，薄膜具有半透膜的性質，只能讓較小的水分子滲透進入。

滲透進入的水再溶解金屬鹽類，使半透膜內的滲透壓增加，壓力增加至某一程度後造成半透膜破裂，金屬鹽水溶液因而流出。

流出的金屬鹽水溶液一接觸水玻璃，又形成半透膜，水再次滲透進入，半透膜再次破裂……，如此反覆進行，結晶就會一直向上生長。

▲晶體成長概念圖

▲實驗成品

主要有兩步驟：

(1) 取水玻璃（矽酸鈉，$Na_2O \cdot xSiO_2$）加入5倍體積的水混合，在燒杯中攪拌均勻後靜置，再視裝飾瓶的大小來分裝灌入。

(2) 取金屬鹽類儘量以小勺的量，直接倒入水玻璃水溶液中。千萬不要移動或是晃動燒杯，金屬鹽就會逐漸往上長出針狀或樹枝狀的結晶！

※如果同時倒入多種金屬鹽類，儘量不要互相重疊，以免相互干擾反應。

※水玻璃的濃度，會影響結晶的形成速度與大小，按照實驗配方效果較佳。

※晶體會持續生長直到填滿瓶內空間，若要當禮物送人，要注意其美麗有時效性（瓶身大小）。

※表格為鹽類色表

金屬鹽	硫酸銅	硫酸鎳	硫酸鎂	氯化鐵	氯化鈣	氯化錳	氯化鎳
結晶色	藍	綠	白	黃褐	白	粉紅	綠

※圖為晶體成長型式

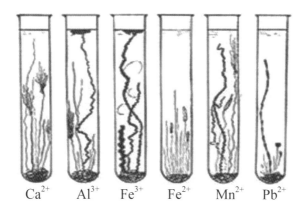

Ca^{2+}　　Al^{3+}　　Fe^{3+}　　Fe^{2+}　　Mn^{2+}　　Pb^{2+}

取自http://www.lateralscience.co.uk/misc/coll.html

2. 自製冷劑

實驗主角爲鹽（NaCl），我們利用食鹽加冰做爲冷劑的原理，主要有兩個原因：

(1) 食鹽晶體溶解在水中時，由於會吸收能量來克服晶體中離子鍵的束縛，因此呈現吸熱反應，會使得水的溫度下降。

(2) 冰塊由固態熔爲液態時，水分子間的距離由近變遠，振動也變得較大，因此也是吸熱反應。

因此，鹽加冰做爲冷劑，在大約 1：3 的比例下，約可使溫度降至−21℃。鹽在溶解的時候，會吸收熱量，使冰和水的混合液溫度，降到0℃以下。家庭自製冰淇淋，就是利用鹽和冰混合作爲冷劑。100克的水約可溶解36克的鹽，所以冰和食鹽的比例按3：1質量比，這樣可避免浪費過多的鹽。

另外，其他常見冷劑有「乾冰 + 丙酮，−78℃（195.15K）」、「液態氮，−196℃（77.15K）」、「液態氦，−269℃（4.15K）」等。

3. 大象牙膏

這實驗的主要材料有雙氧水（H_2O_2）和碘化鉀（KI），本實驗過程非常迅速，還會伴隨著高熱釋放，所以有點危險性，大家在操作時要格外注意。

操作步驟是將濃雙氧水與肥皂水或洗潔精混合，然後加入催化劑（一般用碘化鉀）來使過氧化氫快速分解。受到催化劑的催化，產生大量的氧氣。這些氧氣會極快地衝出容器，然後被肥皂水包裹住產生氣泡，並聚集成為泡沫噴湧而出。如果事先在催化劑溶液中加入一些食用色素，產生的泡沫就是彩色的。

當溶液都配置好了之後，下一步即是加入碘化鉀，這步驟是最危險的地方，反應會很快產生，稍不留意很容易燙傷。碘化鉀的價格偏貴，不易入手。

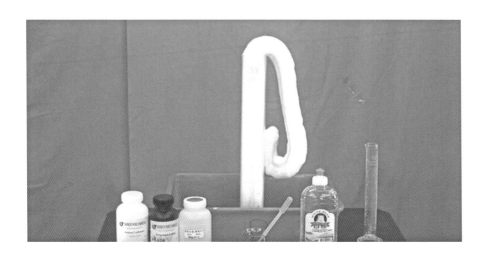

4. 銀鏡反應

此實驗是讓一價銀化合物的溶液被還原爲金屬銀的化學反應，由於生成的金屬銀附著在容器內壁上，光亮如鏡，故稱爲銀鏡反應。常見的銀鏡反應是銀氨絡合物〈氨銀錯合物〉（又稱多倫試劑）被醛類化合物還原爲銀，而醛被氧化爲相應的羧酸根離子的反應，不過除此之外，某些一價銀化合物（硝酸銀）亦可被還原劑還原，產生銀鏡。

主要材料有硝酸銀（$AgNO_3$）、氨水（NH_4OH）、葡萄糖（$C_6H_{12}O_6h$）。氨水味道極爲濃烈，若室內空間過小，外洩的味道會令人極爲不舒服，建議在大空間操作。此實驗若誤觸硝酸銀溶液，皮膚會立即變黑，且需要數天才會恢復，所以手套、實驗衣要備妥外，也要嚴加控管互相碰觸之情形。實驗過程有點繁雜，步驟一錯容易失敗。另硝酸銀的價格非常昂貴，入手需三思。

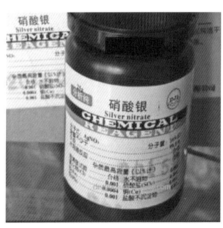

以下實驗步驟和劑量需細心操作和調配：

(1) 加入0.6 M $AgNO_{3(aq)}$ 20滴（千萬不可用手接觸，否則將會變黑）。

(2) 逐滴加入2.5 M NaOH$_{(aq)}$ 10～12滴後混合均勻（仔細觀察，顏色會變成黑色的氧化銀）。

(3) 逐滴加入2 M的氨水溶液，劇烈搖動使其混合反應，直到試管中固體沉澱物恰好完全溶解爲止（用最少量的氨水予以溶解，注意別讓氨水漏出來）。

(4) 加入5滴10%葡萄糖水溶液。

(5) 上下不斷搖晃（搖晃過程不可停頓），使其混合反應，約10分鐘後，即可見金屬銀在瓶壁上生成。

(6) 反應完畢後，試管內廢液集中回收，瓶以清水清洗即可（可永保光亮）。

本實驗反應式如下

$$C_6H_{12}O_6 + 2[Ag(NH_3)_2]^+ + 3OH^- \rightarrow C_5H_{11}O_5COO^- + 2Ag\downarrow + 4NH_3 + H_2O$$

工業製造這個詞，意即爲了達到大規模生產的目標，我們可能會使用機器、工具、化學或生物程序去設計流程，電解質在我們各個領域的工業中，都扮演著非常重要的角色，我們以「原料」和「用途」這兩大方向來一一爲大家介紹常見的電解質。

一、硫酸鎂

硫酸鎂，或七水硫酸鎂，又名硫苦、苦鹽、瀉利鹽、瀉鹽，是一種含鎂的化合物，也是一種化工原料。七水硫酸鎂在空氣（乾燥）中易風化爲粉狀，加熱時逐漸脫去結晶水變爲無水硫酸鎂，分子式爲$MgSO_4$。因爲它不容易溶解，比無水硫酸鎂更容易稱量，方便在工業中進行定量控制。無水的硫酸鎂是一種常用的化學試劑及乾燥試劑。

以氧化鎂、氫氧化鎂、碳酸鎂、菱苦土等為原料，加硫酸分解或中和而得。也有以氯化鉀副產品為原料，與製溴後含鎂母液按比例混合，冷卻結晶分離得粗硫酸鎂，再加熱過濾、除雜、冷卻結晶得工業硫酸鎂。還可用苦鹵加熱濃縮、結晶分離而得，或氧化鎂及石膏水懸浮液碳化製得。

　　有關製作硫酸鎂的幾種化學方程式：

(1) $Mg + H_2SO_4 \rightarrow H_2 \uparrow + MgSO_4$

(2) $MgO + H_2SO_4 \rightarrow H_2O + MgSO_4$

(3) $2MgSO_3 + O_2 \rightarrow 2MgSO_4$

(4) $Mg + FeSO_4 \rightarrow Fe + MgSO_4$

(5) $Mg + CuSO_4 \rightarrow Cu + MgSO$

(6) $Mg(OH)_2 + H_2SO_4 \rightarrow 2H_2O + MgSO_4$

(7) $MgCO_3 + H_2SO_4 \rightarrow CO_2 \uparrow + H_2O + MgSO_4$

　　硫酸鎂具備農業、醫學、工業三種用途。

1. 農業用途

(1) 農業上用作肥料

　　硫酸鎂是非常重要的肥料，因為它能為莊稼提供豐富的營養。鎂元素有助於作物生長和高產。硫酸鎂是很好的肥料，它不僅能提供鎂元素及硫元素，且能疏鬆土壤。鎂和其他15種元素被視為植物生長和高產的營養劑，有關植物的營養成分和肥料，傳統肥料含有的營養成分（氮、磷、鉀）顯然不足以提高農業產量。而中量的營養成分（鈣、鎂、硫）和微量營養成分（鋅、銅、鐵、錳、硼、鉬及氯）在土壤中變得更少，缺乏這些營養成分會導致作物產量降低。實驗證明鎂被過量地從土壤中提取是導致這種廣泛分布的缺乏病症的主要根源，鎂是

提高生產率和農業產量的重要成分，必須及時補充它。

(2) 用於飼料添加劑

飼料級硫酸鎂作為飼料加工中鎂的補充劑。鎂是畜禽體內參與造骨過程和肌肉收縮時不可或缺的因子，是畜禽體內多種酶的激活劑，對畜禽體內的物質代謝和神經功能有著極其重要的作用。若畜禽機體缺鎂，會導致物質代謝和神經功能紊亂，供給失調，影響畜禽生長發育，甚至導致死亡。

2. 工業用途

(1) 用於印染細薄棉布、作棉、絲的加重劑，木棉製品的填料，作藍色染料的顯色鹽，黑色液中作吸鹼劑，以保證均勻染色。

(2) 用於制草、肥料、瓷器、顏料、火柴、炸藥和防火材料。

(3) 微生物工業作培養基成分，釀造用添加劑，補充釀造用水的鎂，作發酵時的營養源。

(4) 製革行業中作填充劑增強耐熱性。

(5) 輕工業中用作生產鮮酵母、味精，用作牙膏生產中的磷酸氫鈣的穩定劑。

(6) 紙漿工業、人造絲和絲織品工業等亦用。

3. 醫學用途

(1) 用於便秘、腸內異常發酵，亦可與驅蟲劑並用；與活性炭合用，可治療食物或藥物中毒。

(2) 用於阻塞性黃疸及慢性膽囊炎。

(3) 用於驚厥、子癇、尿毒症、破傷風、高血壓腦病及急性腎性高血壓危象等。

(4) 也用於發作頻繁而其他治療效果不好的心絞痛病人，對有高血壓的病人效果較好。

(5) 外用熱敷，消炎去腫。

二、氟化鈉

　　氟化鈉，分子式為NaF，微溶於水，溫度升高對溶解度影響不大。如100克的水，0℃時能溶解氟化鈉4克，100℃時溶解5克。氟化鈉在實驗室中可由碳酸鈉與氫氟酸反應製得。

　　常用於木材防腐劑、農業殺蟲劑、釀造業殺菌劑、醫藥防腐劑、焊接助焊劑、鹼性鋅酸鹽鍍鋅添加劑及搪瓷、造紙業等。

1. 製法：製作方法依需求的質量不同，大約有三種方法：

(1) 氫氟酸法

　　由碳酸鈉或氫氧化鈉在攪拌下，與氫氟酸（HF）在碳磚和襯鉛鋼製的反應器中進行反應。經離心分離、乾燥製得。亦可由螢石、純鹼、石英砂在800～900℃下熔融，用水浸取，濾液經蒸發、結晶、乾燥製得。還可由磷肥廠副產物的廢氣製得的氟矽酸鈉和碳酸鈉，按1：2莫耳比混合，在約80℃反應，將矽膠用氫氧化鈉溶解變成可溶性矽酸鹽，再經結晶過濾、分離、乾燥製得。

(2) 熔浸法

　　將螢石、純鹼和石英砂，在高溫（800～900℃）下煅燒，然後用水浸取，再經蒸發、結晶、乾燥得成品。

$$CaF_2 + Na_2CO_3 + SiO_2 \rightarrow 2NaF + CaSiO_3 + CO_2 \uparrow$$

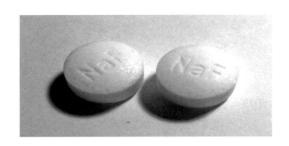

(3) 中和法

用純鹼或燒鹼中和氫氟酸而得。

$$2HF + Na_2CO_3 \rightarrow 2NaF + H_2O + CO_2 \uparrow$$

在中和鍋內用母液溶解純鹼，然後加入30%的氫氟酸中和至pH 8～9，且有CO_2氣體逸出為止，氫氟酸中往往含有氟矽酸雜質，中和後生成氟矽酸鈉。

在90～95℃：下加熱1小時，氟矽酸鈉即分解：

$$Na_2SiF_6 + 2Na_2CO_3 \rightarrow 6NaF + SiO_2 + 2CO_2 \uparrow$$

中和過程中pH值不得低於8，不然氟矽酸鈉難被鹼分解，中和液靜置1小時，清液經濃縮後冷卻析出氟化鈉結晶，再經離心分離、乾燥、粉碎得成品。

2. 氟化鈉的用途大致有以下五點：

(1) 在微量分析中測定鈧、光電比色中測定磷及鋼鐵分析試劑、掩蔽劑、防腐劑。

(2) 用作消毒劑、防腐劑、殺蟲劑，也用於搪瓷、木材防腐、醫藥、冶金及制氟化物等。

(3) 主要用於機械刀片和刨刀的鑲鋼以增強焊接強度。其次用作木材防腐劑、釀造業殺菌劑、農業殺蟲劑（須染上藍色）、醫用防腐劑、焊接助熔劑、飲水的氟處理劑。還用於其他氟化物和酪蛋白膠、氟化鈉牙膏的生產，以及黏結劑、造紙和冶金行業。在元素氟生產中，用於除去微量氟化氫。此外，還用於搪瓷和製藥等工業。20世紀，氟化物被全世界公認為有效的防齲劑。一般的含氟牙膏中，氟化鈉的含量是0.22～0.33%，如此微小的含量，已足以對人的牙齒產生良好的保護作用，可降低齲患病率28%。

(4) 作食品強化劑。有些國家可用於食鹽，最大使用量為0.1g/kg。

(5) 作木材防腐劑、醫藥防腐劑、焊接助熔劑及造紙工業，也可作飲用水的淨水劑，製革工業的生皮和表皮處理，輕金屬冶鍊精鍊和保護層，膠合劑防腐和沸騰鋼的製造。

三、硝酸銨

　　硝酸銨，分子式為NH_4NO_3，純品為無色無臭的透明結晶或呈白色的小顆粒，有潮解性。易溶於水、乙醇、丙酮、氨水，不溶於乙醚。用作分析試劑、氧化劑、致冷劑、煙火和炸藥原料。與氫氧化鈉、氫氧化鈣、氫氧化鉀等鹼反應有氨氣生成，具刺激性氣味。易溶於水、易吸溼和結塊，產品一般製成顆粒狀。

　　發生熱分解時，溫度不同，分解產物也會有所不同。如下表：

110℃	$NH_4NO_3 \rightarrow NH_3 + HNO_3 + 173$ kJ
$185 \sim 200$℃	$NH_4NO_3 \rightarrow N_2O + 2H_2O + 127$ kJ
230℃以上，同時有弱光	$2NH_4NO_3 \rightarrow 2N_2 + O_2 + 4H_2O + 129$ kJ
400℃以上，發生爆炸	$4NH_4NO_3 \rightarrow N_2 + 2NO_2 + 8H_2O + 123$ kJ

1. 製法

製作硝酸銨的方法大致分中和與轉化兩種方法。

(1) 轉化法

利用硝酸磷肥生產過程的副產四水硝酸鈣為原料，與碳酸銨溶液進行反應，生成硝酸銨和碳酸鈣沉澱，經過濾，濾液加工成硝酸銨產品或返回硝酸磷肥生產系統。

物質的酸鹼鹽

(2) 中和法

　　中和反應可以在常壓、加壓或眞空條件下進行。若有廉價的蒸汽來源，可採用常壓中和，以節約設備投資，簡化操作。加壓中和可以回收反應熱，副產蒸汽，用於預熱原料和濃縮硝酸銨溶液。氨中和濃度爲64%的硝酸時，每噸氨可副產蒸汽約1噸。採用眞空中和與結晶硝酸銨生產相結合，其設備與硫酸銨生產的飽和結晶器相似。

2. 用途

　　農業：用作棉花、亞麻、大麻、菸草和蔬菜等農作物的肥料，效果特別好。還用於製造含鉀、磷、鈣等的複合肥料。

　　炸藥工業：製造高氯酸鹽炸藥、銨油炸藥和漿狀炸藥等的原料。

　　醫藥工業：製造一氧化二氮——笑氣（麻醉劑），維生素B。

四、硫酸銅

　　硫酸銅，又稱「藍礬」，化學式$CuSO_4$，無水爲白色粉末，含水爲藍色晶體，可溶於水。硫酸銅常見的形態爲其結晶體$CuSO_4 \cdot 5H_2O$五水合硫酸銅，爲藍色固體。其水溶液因水合銅離子的緣故而呈現藍色。在實驗室中，無水硫酸銅常被用於檢驗水的存在（白色變成藍色）。工業用途中，硫酸銅常用於煉製精銅，與熟石灰混合可製農藥波爾多液。

1. 製法

　　一般以硫酸與氧化銅反應製得。亦可用銅電極電解硫酸製得。如果用電緊張，可以用濃硫酸和銅共熱製取：

$$Cu + 2H_2SO_{4(l)} \rightarrow CuSO_4 + SO_2 + 2H_2O$$

▲ 美麗的硫酸銅結晶

2. 用途

(1) 硫酸銅可以用於殺滅真菌。另與石灰水混合後製成「波爾多液」，用於控制檸檬、葡萄等果樹上的真菌與大腸桿菌，甚至可以除去蝸牛。稀溶液用於水族館中滅菌，但由於銅離子對魚有毒，用量必須嚴格控制。

(2) 硫酸銅可用於「斐林試劑」中檢驗還原糖。在反應中，二價藍色的銅離子被還原成一價不溶於水的紅色氧化亞銅沉澱。

(3) 硫酸銅可用於檢驗是否貧血。驗血機構會將血樣滴入硫酸銅溶液中，如果血樣中含足夠血紅蛋白，血樣會快速下沉；若血紅蛋白含量不夠，血樣會懸浮在溶液中。

(4) 電解實驗（電解硫酸銅）與電鍍實驗（鍍銅）常以硫酸銅當作電解液成分。

五、碳酸氫鈉

碳酸氫鈉，化學式$NaHCO_3$，俗稱小蘇打、蘇打粉、重曹、焙用鹼等，白色細小晶體，易溶於水，呈弱鹼性。

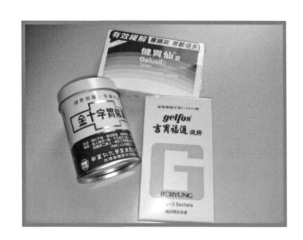

1. 製法

通常以飽和食鹽水通入過量二氧化碳而電解生成。

$$2NaCl + 2H_2O + 2CO_2 \rightarrow 2NaHCO_3 + Cl_2 \uparrow + H_2 \uparrow$$

2. 用途

(1) 烘焙使用。碳酸氫鈉加熱生成二氧化碳，常利用此特性作為食品製作過程中的膨鬆劑。

$$2NaHCO_3 \rightarrow Na_2CO_3 + H_2O + CO_2 \uparrow$$

(2) 碳酸氫鈉經常被用作中和劑，如平衡巧克力的酸性，同時也可加深巧克力的顏色，使它看起來更黑亮。

(3) 藥用。民衆服用的胃藥，主要成分即爲碳酸氫鈉。

(4) 滅火劑。碳酸氫鈉遇火形成二氧化碳可滅火。

六、碳酸鈉

　　碳酸鈉，俗名蘇打、純鹼、洗滌鹼，生活中亦常稱「鹼」。化學式 Na_2CO_3，白色粉末，易溶於水。

1. 製法

工業製法反應分三個步驟進行：

$$NH_3 + CO_2 + H_2O \rightarrow NH_4HCO_3$$
$$NH_4HCO_3 + NaCl \rightarrow NaHCO_3 + NH_4Cl$$
$$2NaHCO_3 \rightarrow Na_2CO_3 + CO_2 + H_2O$$

由於反應生成的二氧化碳可回收再用，而氯化銨又可與生石灰反應，產生 NH_3，故實現了連續性生產、利用率提高、產品質量純淨等優點，因而碳酸鈉被稱爲「純鹼」，但此工業製法最大的優點在於成本低廉。

2. 用途

(1) 其水溶液顯弱鹼性（所以被稱爲純鹼），有滑膩感，可以用於洗滌油汙。

(2) 碳酸鈉遇酸會發生劇烈反應，同時生成二氧化碳，故可被利用於製造氣體滅火器：

$$Na_2CO_3 + 2H^+ \rightarrow 2Na^+ + CO_2 + H_2O$$

(3) 碳酸鈉與氫氧化鈣反應生成氫氧化鈉和碳酸鈣，工業上用來製造氫氧化鈉：

$$Na_2CO_3 + Ca(OH)_2 \rightarrow 2\ NaOH + CaCO_3$$

(4) 其他主要工業應用領域為平板玻璃、日用玻璃、合成洗衣粉、氧化鋁、水的淨化用它來做軟化劑等。

七、硫代硫酸鈉

硫代硫酸鈉，又名次亞硫酸鈉、大蘇打、海波（因其別名 sodium「hypo」sulfite），化學式$Na_2S_2O_3$。

▲工業用硫代硫酸鈉

1. 製造
   (1) 碳酸鈉與二氧化硫共熱，再加入硫磺：

   $$Na_2CO_3 + SO_2 \rightarrow Na_2SO_3 + CO_2$$
   $$Na_2SO_3 + S \rightarrow Na_2S_2O_3$$

   (2) 硫化鈉與碳酸鈉加二氧化硫反應

   $$2Na_2S + Na_2CO_3 + 4SO_2 \rightarrow 3Na_2S_2O_3 + CO_2$$

2. 用途
   (1) 攝影「定影劑」，其水溶液可以溶解溴化銀和氯化銀：

   $$AgCl_{(s)} + 2S_2O_3{}^{2-}{}_{(aq)} \rightarrow [Ag(S_2O_3)_2]^{3-}{}_{(aq)} + Cl^-{}_{(aq)}$$

   (2) 硫代硫酸鈉也可用以除去自來水中的氯氣，在水產養殖上被廣泛的應用，因為硫代硫酸鈉對於魚類的毒性很低，故稱為「去氯劑」。相同原理，可做為「分析試劑」，因其有還原性。例如滴定碘：

   $$2S_2O_3{}^{2-}{}_{(aq)} + I_{2(aq)} \rightarrow S_4O_6{}^{2-}{}_{(aq)} + 2I^-{}_{(aq)}$$

   (3) 硫代硫酸鈉還可用於鞣製皮革、從礦石中提取銀。
   (4) 臨床用於治療皮膚搔癢症、蕁麻疹、藥疹以及氰化物、鉈和砷中毒

等，以靜脈注射的方式治療。

八、氯化亞鈷

氯化亞鈷，常稱二氯化鈷，化學式為$CoCl_2$。無水的氯化亞鈷呈藍色，水合物眾多，常見者為紅紫色六水物$CoCl_2 \cdot 6H_2O$。無水物具吸溼性，常用來檢驗水的存在。

▲含水氯化亞鈷

1. 製法

(1) 無水氯化亞鈷可由鈷與氯氣反應製備：

$$Co + Cl_2 \rightarrow CoCl_2$$

(2) 水合氯化亞鈷則可通過氧化亞鈷或碳酸亞鈷與鹽酸反應而得：

$$CoO + 2HCl \rightarrow CoCl_2 + H_2O$$
$$CoCO_3 + 2HCl \rightarrow CoCl_2 + CO_2 + H_2O$$

2. 用途

(1) 可用作水的顯示劑：無水氯化鈷試紙在乾燥時爲藍色，潮溼時轉爲粉紅色。

在用作乾燥劑的矽膠中滲入一定量的氯化亞鈷，可藉以指示矽膠的吸溼程度：由藍色變爲紅色時，表明吸水已達到飽和。再將紅色矽膠在120℃烘乾，待藍色恢復後仍可繼續使用。

(2) 氯化亞鈷可用作實驗室試劑和製取其他鈷化合物的原料。

▲有趣的化學小故事

附錄二　緩衝溶液

本章導讀

什麼？溶液也可以緩衝？

用來緩衝什麼東西呢？

怎樣的配置才可以產生這麼奇妙的東西？

就讓我們繼續看下去……

學習概念圖

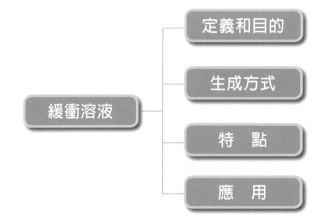

緩衝溶液 ── 定義和目的
　　　　　── 生成方式
　　　　　── 特　點
　　　　　── 應　用

琪琪請阿周幫她到眼鏡行去買隱形眼鏡清洗液，「隱形眼鏡清洗用生理食鹽水不就好了，為何需要到眼鏡行去買超貴的清洗液呢？」阿周心中浮現出這個疑問，但是又不敢說太多，怕恰北北的琪琪給他一個超級大白眼。

阿周到U-bike租借站準備租車騎到眼鏡行，剛好看到小李正在還車，身上還揹了個大背包。原來小李這幾天去宜蘭太陽山露營，他看見阿周，立刻摟著他的肩膀，熱絡聊到在山上的種種，「阿周，我跟你說，山上的風景真的美到不像話，我一邊露營還可以一邊欣賞在海上的龜山島呢！」小李邊說邊眨眼，「更誇張的是有一次，我有點口渴，可是因為很睏就不小心睡著了，醒來之後口渴的感覺居然就不見了！你說，這是不是大自然的魔力呢？」正當阿周聽到小李說的種種，張開著口不知道如何接話的時候，忽然頭被小李巴了一下，「怎麼了，你真的被我唬了喔？什麼大自然的魔力，你忘了我們身體的血液算是一種『緩衝溶液』嗎？」

「對喔！緩衝溶液！」阿周摸著頭，開心地騎著自行車，「幸好沒有跟琪琪說自己泡食鹽水來洗隱形眼鏡就好了，上次蘇老師有說過隱形眼鏡是一種緩衝溶液，看樣子，我還有好多需要再學習的呢！」

一、緩衝溶液的定義與目的

所謂緩衝溶液，是指由某弱酸及其共軛鹼（或某弱鹼及其共軛酸）所組成的緩衝對來配製的，它能夠在加入少量的酸或鹼時，可以減緩pH改變的溶液。例如某一緩衝溶液pH值 = 5，表示該溶液可控制溶液內的其他反應進行時，即使產生少量的強酸或強鹼或水而稀釋濃度，緩衝溶液都可維持溶液的pH值僅有小幅改變。

二、緩衝溶液的產生方式

1. 弱酸 + 其酸根所形成的鹽（或弱酸 + 強鹼，弱酸過量）。

   例如：

   (1) 等濃度的醋酸與醋酸鈉可配成酸性環境的緩衝溶液，$pH = pK_a = 4.73$。

   (2) 醋酸加限量氫氧化鈉，經酸鹼中和後，溶液中存在醋酸及醋酸根離子之共軛酸鹼對。

2. 弱鹼 + 其鹼根所形成的鹽（或弱鹼 + 強酸，弱鹼過量）

   例如：

   (1) 等濃度的氨水與氯化銨可配成鹼性的緩衝溶液，$pH = 9.27$，$pOH = pK_b = 4.73$。

   (2) 氨水與限量的鹽酸混合，經酸鹼中和後，溶液中存在氨水及銨根離子之共軛酸鹼對。

三、緩衝溶液的特點

1. 通常$[H^+]$在K_a附近（約$10 \sim 10^{-1}$倍）。

2. 濃度愈高，效果愈好。

3. 總量固定時，酸莫耳數 = 酸根莫耳數，效果較好。

四、緩衝溶液的應用

1. 在許多化學反應中，緩衝溶液被用於使溶液的pH值保持恆定。緩衝溶液對生命的產生與進化具有重要意義，因為多數生物都只能在一定pH範圍內生長，例如血液就是一種緩衝溶液。

2. 緩衝溶液有許多用途，例如人體血液中含有磷酸二氫根-磷酸氫根、碳酸-碳酸氫鈉等多對緩衝對，維持血液的pH在7.35至7.45之間，以維持酶的活性。

3. 在工業上，緩衝溶液常被用於調節染料的pH。緩衝溶液還可以被用於pH計的校正。

重要觀念建立附 -1

已知H_2SO_4之$K_{a2} = 1.3 \times 10^{-2}$，1升溶液中含有0.01 mol $NaHSO_4$及0.02 mol Na_2SO_4，求溶液$[H^+] = ?$ M

(A) 6.5×10^{-3}

(B) 5.4×10^{-3}

(C) 4.5×10^{-3}

(D) 3.6×10^{-3}

解析

答案 D

此題主要是利用「同離子效應」的概念屬於高中課程的範圍。其實是在說明在弱電解質中，加入含此電解質相同的離子時，該弱電解質的游離度（α）會因而減小的效應。

由本題可得知

1. $NaHSO_4 \rightarrow Na^+ + HSO_4^-$

　　　　　　　（0.01 mol）

2. $Na_2SO_4 \rightarrow 2Na^+ + SO_4^{2-}$

　　　　　　　（0.02 mol）

$$HSO_4^- \rightarrow H^+ + SO_4^{2-}$$

原有　　　0.01　　　　　　0.02

平衡　0.01 − x　　x　　　0.02 + x

$$\frac{x(0.02+x)}{0.01-x} = 1.3 \times 10^{-2}\ (K_{a2})\ \underline{(x不可忽略)}\ \therefore x = 0.0036\ M$$

重要觀念建立附 -2

已知磷酸H_3PO_4水溶液的解離常數為$K_1 = 7.1 \times 10^{-13}$、$K_2 = 6.3 \times 10^{-8}$、$K_3 = 4.4 \times 10^{-13}$，若人類血液的pH值為7.4，則在血液中由磷酸解離所產生各物種的濃度關係，何者正確？

(A) $[H_3PO_4]$約等於$[H_2PO_4^-]$

(B) $[H_3PO_4]$約等於$[HPO_4^{2-}]$

(C) $[H_2PO_4^-]$約等於$[HPO_4^{2-}]$

(D) $[HPO_4^{2-}]$約等於$[PO_4^{3-}]$

解析

答案 C

緩衝溶液的特性：

(1) 將緩衝溶液稀釋，由於不改變$[HA]/[A^-]$或$[BOH]/[B^+]$的比值，其pH不變

(2) 緩衝效果最佳溶液

　　① $[HA]$及$[A^-]$的濃度愈高，緩衝能力愈大

　　② $[HA]$：$[A^-]$比值近於1：1

(3) 緩衝溶液的pH值$\fallingdotseq pK_a$（$pOH \fallingdotseq pK_b$）

物質的酸鹼鹽

本題需要找出那一個K質靠近pH值，由題目可$pK_2 \fallingdotseq pH$。

→ $[H_2PO_4^-]/[HPO_4^{2-}] \fallingdotseq 1$

重要觀念建立附 -3

已知甲酸（HCOOH）之$K_a = 2.0 \times 10^{-4}$，今欲使0.30 M HCOOH 100 mL溶液之pH = 3.0，則應加入HCOONa若干克？（Na = 23）

(A) 0.41　(B) 0.20　(C) 0.13　(D) 0.59

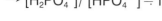

答案 A

此題為同離子效應的計算題，主要是要加入此電解質相同的離子，會抑制該弱酸的游離。

而在這裡會有三種類型：

(1) 弱酸HA ＋ 強酸HB → $[H^+] \fallingdotseq [HB]$

(2) 弱酸HA（K_a）＋弱酸鹽 NaA → $[H^+] \fallingdotseq K_a \times [HA]/[NaA]$…… 此題類型

(3) 弱酸HA（K_{a1}）＋ 弱酸HB（K_{a2}）→ $[H^+] \fallingdotseq$ 所有解離$[H^+]$總和

$[H^+] \fallingdotseq K_a \times [HA]/[NaA]$

$$10^{-3} = 2.0 \times 10^{-4} \times \frac{0.3 \times \frac{100}{1000}}{x} \qquad x = 0.0060 \text{ mol}$$

需HCOONa：$0.006 \times 68 = 0.41$ g

重要觀念建立附 -4

將下列各溶液混合，何者可以形成緩衝液？

(A) 100毫升0.1 M HCl和100毫升0.1 M NaOH

(B) 100毫升0.1 M HCl和50毫升0.1 M NH_3

(C) 100毫升0.1 M NH_4Cl和50毫升0.1 M NaOH

(D) 100毫升0.1 M CH_3COOH和200毫升0.1 M NaOH

解析

答案 C

本題型主要是要測驗學生們對於緩衝溶液的配製概念，基本上緩衝溶液主要重點在無論加入任何離子，溶液的酸鹼值皆不會有顯著的變化。

緩衝溶液組成有四類型：

(1) 弱酸 + 弱酸鹽（HA + A^- 型）

(2) 弱鹼 + 弱鹼鹽（BOH + B^+ 型）

(3) 酸式鹽系統

(4) 弱酸弱鹼鹽

故本題選擇形成弱酸及其弱酸鹽或弱鹼及其弱鹼鹽。

編後語　我還是喜歡上大為老師的課

　　近年來，我將自己的排課做個大洗牌，連帶因為生涯規劃加上身體狀況，在今年度，我必須對某些班做取捨，也就是說，原本應該帶到升9年級畢業或高一升高二、高二升高三的班，就沒辦法繼續上下去了。儘管心中難免不捨，但這就是現實，是誰都無法避免的事。

　　許多死忠的學生獲得家長的支持，願意長途跋涉、千里迢迢地到我新任教的補習班上課。他們通勤往返的里程都在30公里以上，見到他們出現在班上，心中著實感動不已，難免對他們付出更多的關注。還有更多的學生，雖然喜歡上我的課，但是基於現實考量，只好將對我的支持轉為懷念，常在路上與這些學生不期而遇，寒暄之後，我總是會詢問他們的成績表現，而自同學苦笑而不答的靦腆中，令人難過的答案可想而知。

　　這回第一次段考前，有一位之前的學生跑來找我問問題，她成績表現相當優異，但自從我離開了那家原本任教的補習班，她因為對新的任課老師無法適應，所以就轉到家裡附近一家小型家教班上課。儘管她已非我學生，但我仍耐心地為她解題，見到她豁然開朗的笑容、在我相當得意的當口，沒想到她接下來居然迸出一句話：「我還是喜歡上大為老師的課！」頓時聽得我好心酸。為此悶悶不樂的我，情緒延續好久，後來我向另一家補習班的班主任透露此事，她聽後訝異說道：「這麼巧！今天我在補習班也遇到類似的事！」

　　原來，有另一位學生曾經上過我8年級的課，而她原本上的那一個班就是今年度我所割捨的另外一家補習班，因為我沒繼續任教，也是對新接任的老師不喜歡，所以就轉到學校附近的另一家知名連鎖補習班上課。在

日前因為與這位主任偶遇，她居然不客氣地向主任抱怨：「為什麼沒有人像大為老師上課上得這麼好！」然後就開始數落補習班為何沒有好好留住我繼續上課、害她現在學理化學得相當辛苦等。本來那位主任想藉機挖苦我，但看見我難過至極的無奈表情，也就沒多說什麼。

我無意吹誇自己多麼有影響力，現在臉書流行，動態消息大家都看得見，大家一定常常見到許多學生在我的動態留言：「好想再上大為老師的課！」「理化還是大為老師上得最好！」這些學生，有些是已經畢業的老學生，而有些是因為其他現實因素、沒辦法繼續上我的課的學生，當他們轉戰到其他補習班，有了比較之後，才驀然發現我的好而懷念起我來。我也很想念大家，對於已畢業的老學生，真的感謝他們一路相挺的支持，而對於另外因為莫名其妙的現實因素，無法繼續上完我的課的學生，除了惋惜，每每見他們無奈的留言，我的心，總是會那麼痛揪了一下。

目前就讀國立海洋大學的尹○翔同學，是自8年級開始就一直追隨我上課的好學生。他在國中理化科一直表現得相當優秀，後來基測自然科滿分，當然不客氣地在高中繼續與我一起努力。當時他得知有許多同學因為路程或家長對我的質疑而沒有辦法上我的課時，說了一句話：「他們難道不了解找到一位適合自己的好老師有多麼難得嗎？一輩子能遇到幾次這樣子的機會呢？不能跟自己喜歡的老師上課，真的是人生中最難過的事！」我聽了之後，全身的血液一下子都沸騰了起來！謝謝現在上我的課的一千多位同學！你們現在對我的支持，我一定會用我所有的力量，來答謝你們如此的珍惜，以及我們彼此所擁有的難得緣分！這本書，就是送給大家的一份禮物！

五南線上學院

專業圖書NO.1的線上課程

五所不能，學習不南

五南線上學院
https://www.wunan.com.tw/tch_home

陳大為老師

太陽教育集團最新課程即將上線
敬請期待

國家圖書館出版品預行編目資料

行動化學館. 4：物質的酸鹼鹽 /
陳大為，王翰，蘇傑著. -- 初版.
-- 臺北市：五南，2020.12
　面；　公分
ISBN 978-986-522-325-0(平裝)

1.化學　2.中等教育

524.36　　　　　　109016442

ZC11

行動化學館4：
物質的酸鹼鹽

作　　　者 — 陳大為（271.8）、王翰、蘇傑

發 行 人 — 楊榮川

總 經 理 — 楊士清

總 編 輯 — 楊秀麗

主　　　編 — 王正華

責任編輯 — 金明芬

封面設計 — 王麗娟

出 版 者 — 五南圖書出版股份有限公司

地　　　址：106台北市大安區和平東路二段339號4樓

電　　　話：(02)2705-5066　　傳　　　真：(02)2706-6100

網　　　址：https://www.wunan.com.tw

電子郵件：wunan@wunan.com.tw

劃撥帳號：01068953

戶　　　名：五南圖書出版股份有限公司

法律顧問　林勝安律師事務所　林勝安律師

出版日期　2020年12月初版一刷

定　　　價　新臺幣250元

※版權所有・欲利用本書全部或部分內容，必須徵求本公司同意※

五南
WU-NAN

全新官方臉書

五南讀書趣

WUNAN
Books since1966

Facebook 按讚

👍 1秒變文青

f 五南讀書趣 Wunan Books 🔍

★ 專業實用有趣
★ 搶先書籍開箱
★ 獨家優惠好康

不定期舉辦抽獎
贈書活動喔！！！

經典永恆・名著常在

五十週年的獻禮 —— 經典名著文庫

五南,五十年了,半個世紀,人生旅程的一大半,走過來了。
思索著,邁向百年的未來歷程,能為知識界、文化學術界作些什麼?
在速食文化的生態下,有什麼值得讓人雋永品味的?

歷代經典・當今名著,經過時間的洗禮,千錘百鍊,流傳至今,光芒耀人;
不僅使我們能領悟前人的智慧,同時也增深加廣我們思考的深度與視野。
我們決心投入巨資,有計畫的系統梳選,成立「經典名著文庫」,
希望收入古今中外思想性的、充滿睿智與獨見的經典、名著。
這是一項理想性的、永續性的巨大出版工程。
不在意讀者的眾寡,只考慮它的學術價值,力求完整展現先哲思想的軌跡;
為知識界開啟一片智慧之窗,營造一座百花綻放的世界文明公園,
任君遨遊、取菁吸蜜、嘉惠學子!